RÉVOLUTIONS

DE

PORTUGAL,

Par M.^r l'Abbé DE VERTOT, de l'Académie des Inscriptions et Belles-Lettres.

Nouvelle Édition, revue et corrigée.

A TOULOUSE,

Chez J.ⁿ-M.^{eu} DOULADOURE, Imprimeur-Libraire, rue Saint-Rome.

1811.

PRÉFACE.

Quoique l'histoire de la conjuration de
Portugal ait déjà paru, on peut dire
qu'on trouve, dans les différentes édi-
tions qu'on en a faites depuis, comme un
ouvrage nouveau, par les différens mor-
ceaux que l'auteur a jugé à propos d'y
ajouter, et qui en sont même la cause
ou la suite nécessaire ; et c'est cette aug-
mentation d'événemens qui a engagé à
substituer le titre de *Révolution* à celui
de *Conjuration*, d'ailleurs moins convenable dans une entreprise dont les chefs
n'avaient pour objet que de rendre la
couronne à un prince qu'ils en regardaient
comme l'héritier légitime. L'auteur re-
monte sommairement jusqu'aux commencemens de cette monarchie ; il passe à la
funeste révolution qui arriva sous le règne
de dom Sébastien. On voit de quelle

manière les Castillans, sous le règne de Philippe II, se rendirent maîtres de cet état ; avec quelle heureuse témérité un petit nombre de Fidalques et de gentils-hommes Portugais les en chassèrent sous le règne de Philippe IV ; de nouvelles conjurations formées par les partisans et les créatures de ce prince, pour y rétablir son autorité ; enfin l'auteur, après avoir fait voir le duc de Bragance sur le trône, descend jusqu'à l'abdication du roi Alphonse VI son fils, et à la régence de dom Pédre, père du roi qui règne aujourd'hui.

On verra dans cet ouvrage un prince qu'on croit du sang de nos rois, et sorti d'un petit-fils de Hugues Capet, signaler son zèle et son courage contre les Maures, les chasser d'une partie du Portugal, se faire de ses conquêtes un état souverain, et devenir la tige de la maison royale qui règne aujourd'hui si glorieusement ; ses successeurs conserver les états qu'il leur avait laissés par de nouvelles conquêtes ; et après avoir souvent triomphé de la puissance et de la valeur des Castillans leurs voisins, porter leurs armes en Asie et en Afrique, y faire des établissemens considérables, et, ce qu'on ne peut trop estimer, y faire connaître le vrai Dieu, dont les Barbares ignoraient jusqu'au saint nom.

Le roi dom Sébastien, à leur exemple, ne trouvant plus d'infidèles à combattre dans ses états, les va chercher jusques en Afrique, passe la mer avec une poignée de soldats, et entreprend, avec plus de zèle que de prudence, de détrôner un souverain, grand capitaine, qui se trouvait à la tête de soixante mille hommes, et qui le fit périr sous l'effort de ses armes. Sa couronne passe sur la tête de

dom Henri, son grand oncle, prince âgé
de soixante-sept ans, prêtre, cardinal et
archevêque d'Evora, et qui ne régna que
seize mois. Sa mort fait éclater les prétentions de différens princes qui se portaient pour ses héritiers. Philippe II, roi
d'Espagne, le plus puissant de tous, dé-
cide la question par la force des armes ;
il se rend maître du Portugal par la valeur
du fameux duc d'Albe, le plus grand capitaine des Castillans, et les successeurs
de Philippe gouvernent ce nouvel état
comme un pays de conquête.

Les Portugais, nation brave, coura-
geuse, et impatiente du joug étranger,
s'en délivrent par une conspiration de la
noblesse : le duc de Bragance est porté
sur le trône, et sans être ni soldat ni capitaine, il s'y maintient par sa prudence,
par la douceur de son gouvernement, et,
sur-tout par l'habileté et les sages conseils

de la reine sa femme. Cette princesse,
après sa mort, fait éclater sa capacité
dans le grand art de régner pendant une
régence tumultueuse , et encore plus agitée par des intrigues de cour que par les
armes des Castillans. Enfin , on verra un
fils peu reconnaissant , qui, à la faveur
de sa majorité , l'éloigne du gouvernement, mais qui dans la suite perd lui-
même son autorité par l'habileté d'un
frère , qui, sur des raisons autorisées par
les lois, et soutenues du crédit et de la
force de ce prince , le priva de sa couronne, et lui enleva jusqu'à la reine sa
femme, qu'il épousa depuis.

Tels sont les sujets qu'on traite dans
cet ouvrage, qu'on a tirés d'historiens
Portugais et Espagnols. On les a préférés
aux étrangers, et sur-tout dans les endroits où les écrivains, partisans de la
cour d'Espagne, conviennent de bonne

foi des avantages que remportèrent les
Portugais dans cette fameuse révolution.
On ose espérer que les lecteurs équitables
n'en exigeront pas davantage d'un écrivain qui n'est ni Castillan ni Portugais, et
qui n'a nul intérêt à louer ou à blâmer,
que celui de la vérité, qui naît du fond
même des événemens qu'il rapporte.

HISTOIRE

DES RÉVOLUTIONS

DE

PORTUGAL.

LE Portugal fait partie de cette vaste étendue de pays qu'on nomme les Espagnes, et dont la plupart des provinces portent le titre de royaume; celui de Portugal est situé à l'occident de la Castille, et sur les rivages de l'Océan le plus au couchant de l'Europe : ce petit état n'a au plus que cent dix lieues de longueur, et cinquante dans sa plus grande largeur:

A

le terroir en est fertile, l'air sain, et les chaleurs, ordinaires sous ce climat, se trouvent tempérées par des vents rafraîchissans, et par des pluies fécondes. La couronne est héréditaire, l'autorité du prince absolue; il se sert utilement du redoutable tribunal de l'inquisition, comme du plus sûr instrument de la politique. Les Portugais sont pleins de feu, naturellement fiers et présomptueux, attachés à la religion, mais plus superstitieux que dévots. Tout est prodige parmi eux; et le ciel, si on les en croit, ne manque jamais de se déclarer en leur faveur d'une manière extraordinaire.

On ignore quels furent les premiers habitans du pays; leurs historiens les font descendre de la postérité de Tubal. On ne peut guères remonter plus haut, même avec le secours de la fable. Chaque nation a sa chimère au sujet de son origine. Ce qui est de certain, c'est que les Carthaginois et les Romains se disputèrent l'empire de ces provinces, et l'ont possédé successivement. Les Alains, les Suèves, les Vandales, et toutes les nations barbares qui, sous le nom général de Goths, inondèrent l'empire vers le commencement du cinquième siècle, s'emparèrent de toutes les Espagnes. Le Portugal eut quelquefois des rois particuliers, et quelquefois aussi il se trouva réuni sous la domination des princes qui régnaient en Castille.

Ce fut au commencement du hui- 712. tième siècle, et sous le règne de RODERIC, le dernier roi des Goths, que les Maures, ou pour mieux dire, les Arabes, sujets du calife Valid Almanzor, passèrent d'Afrique en Espagne, et s'en rendirent les maîtres.

A 2

Le comte Julien, seigneur Espagnol, les introduisit dans le pays, et facilita leur conquête, pour se venger de l'outrage que Roderic avait fait à sa fille.

Ces infidèles étendirent leur domination depuis le détroit jusqu'aux Pyrénées, si on en excepte les montagnes des Asturies, où les chrétiens se réfugièrent sous le commandement 717. du prince Pelage, qui jeta les fondemens du royaume de Léon, ou d'Oviédo.

Le Portugal suivit la destinée des autres provinces d'Espagne ; il passa sous la domination des Maures. Ces infidèles y établirent différens gouverneurs, qui, après la mort du grand Almanzor, se rendirent indépendans, et s'érigèrent en petits souverains. L'émulation et la différence d'intérêt les désunit, et le luxe et la mollesse achevèrent de les perdre.

HENRI, comte de Bourgogne (*), et issu de Robert, roi de France, les chassa du Portugal vers le commencement du douzième siècle. Ce prince animé du même zèle qui forma en ces temps-là tant de croisades, était passé en Espagne dans le dessein d'y signaler son courage contre les infidèles. Il fit ses premières armes sous le commandement de Rodrigue de Bivar, ce capitaine si célèbre sous le nom du Cid. Il se distingua, dans ces guerres de religion, par une valeur extraordinaire. Alphonse VI, roi de Castille et de Léon, lui confia depuis le commandement de ses armées. On prétend que le prince Fran-

----

(*) Théodore Godefroy, dans son Traité de l'origine des rois de Portugal.

çais défit les Maures en dix-sept
batailles rangées, et qu'il les chassa
de cette partie du Portugal qui est
vers le nord. Le roi de Castille, pour
attacher à sa fortune un si grand
capitaine, lui donna en mariage une
des princesses ses filles, appelée Thé-
rèse, et ses propres conquêtes pour
dot et pour récompense. Le comte
les étendit par de nouvelles victoires.
Il assiégea et prit les villes de Lisbonne, de Visée et de Conimbre;
il eut le même succès dans les trois
provinces entre Douro et Minia.
Henri en forma une souveraineté
considérable; et sans être roi, sans
en avoir pris le titre, il jeta les fondemens du royaume de Portugal.

Le prince Alphonse son fils succéda à sa valeur et à ses états; il les
augmenta même par de nouvelles
conquêtes. Ce sont des heros qui

fondent les empires, et des lâches qui les perdent.

Les soldats du comte Alphonse le 1139. proclamèrent roi, après une grande victoire qu'il avait remportée contre les Maures; et les états généraux, assemblés à Lamego, lui confirmèrent cet auguste titre, qu'il laissa avec justice à ses successeurs. Ce fut dans cette assemblée des principaux de la nation qu'on établit les lois fondamentales touchant la succession à la couronne.

ARTICLE PREMIER.

Que le seigneur Alphonse roi vive, et qu'il règne sur nous , ainsi que porte le premier article de ces lois. *S'il a des enfans mâles , qu'ils soient nos rois : le fils succédera au père ; puis le petit-fils, et ensuite le fils de l'arrière-petit-fils , et ainsi à perpétuité dans leurs descendans.*

ARTICLE II.

Si le fils aîné du roi meurt pendant la vie de son père , le second fils , après la mort du roi son père , sera notre roi ; le troisième succédera au second, le quatrième au troisième, et ainsi des autres fils du roi.

ARTICLE III.

Si le roi meurt sans enfans mâles , le frère du roi , s'il en a un , sera notre roi , mais pendant sa vie seulement ; car après sa mort , le fils de ce dernier roi ne sera pas notre roi , à moins que les évêques et les états ne l'élisent , et alors ce sera notre roi ; sans quoi il ne pourra l'être.

ARTICLES IV et V.

Si le roi de Portugal n'a point d'enfant mâle , et qu'il ait une fille , elle sera reine après la mort du roi, pourvu qu'elle se marie avec un seigneur Portugais ; mais il ne portera le nom de roi que quand il aura un enfant mâle de la reine qui l'aura épousé. Quand il sera dans la compagnie de la reine , il marchera à sa main gauche , et ne mettra point la couronne royale sur sa tête.

ARTICLE VI.

Que cette loi soit toujours obser- vée , et que la fille aînée du roi n'ait point d'autre mari qu'un seigneur Portugais , afin que les princes étrangers ne deviennent point les maîtres du royame. Si la fille du roi épousait un prince ou un seigneur d'une nation étrangère, elle ne sera pas reconnue pour reine, parce que nous ne voulons point que nos peuples soient obligés d'obéir à un roi qui ne serait pas né Portugais ; puisque ce sont nos sujets et nos compatriotes, qui, sans le secours d'autrui, mais par leur valeur et aux dépens de leur sang, nous ont fait roi.

C'est par de si sages lois que la couronne s'est conservée pendant plusieurs siècles dans la royale maison d'Alphonse. Ses successeurs en augmentèrent l'éclat et la puissance par les conquêtes importantes qu'ils firent en Afrique, dans les Indes, et depuis dans l'Amérique. On ne peut donner de trop justes louanges aux Portugais, qui dans ces entreprises si éloignées et si surprenantes, n'ont pas fait paraître moins de courage que de conduite; mais, parmi les avantages que leur ont donnés des conquêtes si étendues, ils ont eu celui de porter la religion chrétienne, et la connaissance du vrai Dieu dans les royaumes idolâtres et chez les barbares, où des missionnaires Portugais n'ont pas fait des conquêtes spirituelles moins considérables. Tel était le royaume de Portugal vers l'an 1557, quand le roi dom Sébastien monta sur le trône. Il était né posthume, et fils du prince dom Jean, qui était mort avant le roi dom Jean III, son père, fils du grand roi Emmanuel.

Dom Sébastien n'avait guères plus de trois ans, quand il succéda au roi son aïeul. On confia, pendant sa minorité, la régence de l'état à Catherine d'Autriche son aïeule, fille de

1557.

A 6

Philippe Ier, roi de Castille, et sœur de l'empereur Charles-Quint. Dom Alexis de Menezès, seigneur qui faisait profession d'une piété singulière, fut nommé pour gouverneur du prince; et le père dom Louis de Camara, de la compagnie de Jésus, fut chargé du soin de ses études.

De si sages gouverneurs n'oublièrent rien pour former de bonne heure ce prince à la piété, et pour lui inspirer, en même temps, des sentimens pleins de gloire et dignes d'un souverain; mais on porta trop loin des vues si nobles et si chrétiennes. Menezès n'entretenait dom Sébastien que des conquêtes que les rois ses prédécesseurs avaient faites dans les Indes et sur les côtes d'Afrique. Le jésuite, de son côté, lui représentait à tous momens, que les rois, qui ne tenaient leur couronne que de Dieu seul, ne devaient avoir pour objet du gouvernement que de le faire régner lui-même dans leurs états, et sur-tout dans tant de pays éloignés où son nom même n'était pas connu. Ces idées pieuses et guerrières, mêlées ensemble, firent trop d'impression sur l'esprit d'un jeune prince naturellement impétueux et plein de feu. Il ne parlait plus que d'entreprises et de projets de conquêtes; et à peine eut-il pris le gouvernement de ses états, qu'il songea à porter lui-même ses armes en Afrique. Il en conférait incessamment, tantôt avec des officiers, et souvent avec des missionnaires et des religieux, comme s'il eût voulu joindre le titre d'apôtre à la gloire de conquérant.

La guerre civile qui s'était allumée dans le royaume de Maroc, lui parut une occasion favorable pour signaler son zèle et son courage. Muleï Mahamet avait succédé à Abdala son père, dernier roi de Maroc ; mais Muleï Moluc, son oncle paternel, prétendit qu'il n'avait pas dû monter sur le trône à son préjudice, et contre la disposition de la loi des Chérifs, qui appelait successivement à la couronne les frères du roi, préférablement à ses propres enfans. Ce fut le sujet d'une guerre sanglante entre l'oncle et le neveu. Muleï Moluc, prince plein de valeur, et aussi grand politique que grand capitaine, forma un puissant parti dans le royaume, et gagna trois batailles contre Mahamet, qu'il chassa de ses états et de l'Afrique.

Le prince dépouillé passa la mer, et vint chercher un asile dans la cour de Portugal ; il représenta à dom

Sébastien, que, malgré sa disgrâce, il avait encore conservé dans son royaume un grand nombre de partisans secrets, qui n'attendaient que son retour pour se déclarer ; qu'il apprenait d'ailleurs que Moluc était attaqué d'une maladie mortelle qui le consumait insensiblement ; que le prince Hamet, frère de Moluc, était peu estimé dans sa nation ; que dans cette conjoncture il n'avait besoin que de quelques troupes pour paraître sur les frontières ; que sa présence ferait déclarer en sa faveur ses anciens sujets ; et que si par son secours il pouvait recouvrer sa couronne, il la tiendrait à foi et à hommage de celle du Portugal, et même qu'il la verrait avec plus de plaisir sur sa tête, que sur celle d'un usurpateur.

Dom Sébastien, qui n'avait l'esprit

rempli que de vastes projets de conquêtes, s'engagea avec plus d'ardeur
que de prudence à marcher lui-même
à cette expédition. Il fit des caresses
extraordinaires au roi Maure, et lui
promit de le rétablir sur le trône à
la tête de toutes les forces du Portugal. Il se flattait d'arborer bientôt la
croix sur les mosquées de Maroc.
En vain les plus sages de son conseil
tâchèrent de le détourner d'une entreprise si précipitée ; son zèle, son
courage, la présomption , défaut
ordinaire de la jeunesse, et souvent
celui des rois ; les flatteurs mêmes ,
inséparables de la cour des princes ;
tout ne lui représentait que des victoires faciles et glorieuses. Ce prince,
entêté de ses propres lumières, ferma
l'oreille à tout ce que ses ministres
lui purent représenter ; et comme si
la souveraine puissance donnait une

souveraineté de raison, il passa la
mer malgré les avis de son conseil,
et il entreprit, avec une armée à
peine composée de treize mille hommes, de détrôner un puissant roi et
le plus grand capitaine de l'Afrique.

Moluc, averti des desseins et du
débarquement du roi de Portugal,
l'attendait à la tête de toutes les forces
de son royaume. Il avait un corps
de quarante mille hommes de cavalerie, la plupart vieux soldats et
aguerris, mais qui étaient encore
plus redoutables par l'expérience et
la capacité du prince qui les commandait, que par leur propre valeur.
A l'égard de son infanterie, à peine
avait-il dix mille hommes de troupes
réglées; et il ne faisait pas grand.
fonds sur ce nombre infini d'Alarbes
et de milices qui étaient accourus à
son secours, mais plus propres à

piller qu'à combatre, et toujours prêts à fuir, ou à se déclarer en faveur du victorieux.

Moluc ne laissa pas de s'en servir pour harceler l'armée chrétienne. Ces infidèles, répandus dans la campagne, venaient à tous momens escarmoucher à la vue du camp, et ils avaient des ordre secrets de lâcher pied devant les Portugais pour les tirer des bords de la mer où ils étaient retranchés, et pour entretenir, par une peur simulée, la confiance téméraire de dom Sébastien.

Ce prince plus brave que prudent, et qui voyait tous les jours que les Maures n'osaient tenir devant ses troupes, les tira de ses retranchemens, et marcha contre Moluc comme à une victoire certaine. Le roi barbare s'éloigna d'abord, comme s'il eût voulu éviter d'en venir à une action

décisive ; il ne laissait paraître que peu
detroupes ; il fit même faire différentes
propositions à dom Sébastien, comme
s'il se fût défié de ses forces et du
succès de cette guerre. Le roi de
Portugal, qui croyait qu'il lui serait
plus difficile de joindre les ennemis
que de les vaincre, s'attacha à leur
poursuite ; mais Moluc ne le vit pas
plutôt éloigné de la mer et de sa
flotte, qu'il fit ferme dans la plaine,
et il étendit ensuite ce grand corps
de cavalerie en forme de croissant,
pour enfermer toute l'armée chrétienne. Il avait mis le prince Hamet
son frère à la tête de ce corps ; mais,
comme il n'était pas prévenu en faveur de son courage, il lui dit, que
c'était uniquement à sa naissance
qu'il devait ce commandement ; mais
que s'il était assez lâche pour fuir,
il l'étranglerait de ses propres mains,

et qu'il fallait vaincre ou mourir.

Il se voyait mourir lui-même, et sa faiblesse était si grande, qu'il ne douta point qu'il ne fût arrivé à son dernier jour. Il n'oublia rien dans cette extrémité pour le rendre le plus beau de sa vie. Il rangea lui-même son armée en bataille, et donna tous les ordres avec autant de netteté d'esprit et d'application, que s'il eût été en parfaite santé. Il étendit même sa prévoyance jusqu'aux événemens qui pouvaient arriver par sa mort; et il ordonna aux officiers dont il était environné, que s'il expirait pendant la chaleur du combat, on en cachât avec soin la nouvelle; et que, pour entretenir la confiance des soldats, on feignît de venir prendre ses ordres, et que ses aides de camp s'approchassent à l'ordinaire de sa litière, comme s'il eût été encore en vie. En quoi on ne peut assez admirer le courage et la magnanimité de ce roi barbare, qui compassa tellement ses ordres et ses desseins avec les derniers momens de sa vie, qu'il empêcha que la mort même ne lui ravît la victoire. Il se fit ensuite porter dans tous les rangs de l'armée; et autant par signes et par sa présence, que par ses discours, il exhorta les Maures à combatre généreusement pour la défense de leur religion et de leur patrie.

La bataille commença de part et d'autre par des décharges d'artillerie. Les deux armées s'ébranlèrent ensuite et se chargèrent avec beaucoup de fureur; tout se mêla bientôt. L'infanterie chrétienne, soutenue des yeux de son roi, fit plier sans peine celle des Maures, la plupart composée de ces Alarbes et de ces vagabonds dont

nous venons de parler. Le duc d'A-
veiro poussa même un corps de cavalerie qui lui était opposé, jusqu'au
centre et à l'endroit qu'occupait le
roi de Maroc. Ce prince voyant
arriver ses soldats en désordre, et
fuyant honteusement devant un ennemi victorieux, se jeta à bas de sa
litière, et plein de colère et de fureur,
il voulait, quoique mourant, les ramener lui-même à la charge. Ses
officiers s'opposaient en vain à son
passage; il se fit faire jour à coups
d'épée; mais ses efforts achevant de
consommer ses forces, il tomba éva-
noui dans les bras de ses écuyers;
on le remit dans sa litière; et il n'y
fut pas plutôt, qu'ayant mis son
doigt sur sa bouche, comme pour
leur recommander le secret, il expira
dans le moment, et avant même qu'on
eût pu le conduire jusqu'à sa tente.

Sa mort demeura inconnue aux deux partis. Les chrétiens paraissaient jusque-là avoir de l'avantage ; mais la cavalerie des Maures, qui avait formé un grand cercle, se resserrant à mesure que les extrémités s'approchaient, acheva d'envelopper la petite armée de dom Sébastien. Les Maures chargèrent ensuite de tous côtés la cavalerie Portugaise. Ces troupes, accablées par le nombre, tombèrent en se retirant sur leur infanterie, et elles y portèrent, avec la crainte, le désordre et la confusion.

Les infidèles se jetèrent aussitôt, le cimeterre à la main, dans ces bataillons ouverts et renversés, et ils vainquirent sans peine des gens étonnés et déjà vaincus par une frayeur générale. Ce fut moins dans la suite un combat qu'un carnage. Les uns se mettaient à genoux pour demander la vie, d'autres cherchaient leur salut dans la fuite ; mais comme ils étaient enveloppés de tous côtés, ils rencontraient partout l'ennemi et la mort. L'imprudent dom Sébastien périt dans cette occasion, soit qu'il n'eût pas été reconnu dans le désordre d'une fuite, ou qu'il eût voulu se faire tuer lui même pour ne pas survivre à la perte de tant de gens de qualité, que les Maures avaient massacrés, et que lui-même avait, pour ainsi dire, entraînés à la boucherie. Muléi Mahamet, auteur de cette guerre, chercha son salut dans la fuite ; mais il se noya en passant la rivière de Mucazen. Ainsi périrent dans cette journée trois grands princes, et tous trois d'une manière différente ; Moluc par la maladie, Mahamet dans l'eau, et dom Sébastien par les armes.

Le 4 août 1578.

Conchetagio, l. 2.

Le

Le cardinal dom Henri, son grand-
oncle, lui succéda. Il était frère de
Jean III, son aïeul, et fils du roi
Emmanuel; mais comme ce prince
était prêtre, d'ailleurs infirme, et
âgé de plus de soixante-sept ans,
ceux qui prétendaient à la couronne
ne la regardaient sur sa tête que
comme un dépôt; et chacun en particulier tâcha de le faire déclarer en
sa faveur.

Les prétendans étaient en grand
nombre, la plupart sortis du roi
Emmanuel, quoiqu'en différens de-
grés. Philippe II, roi d'Espagne;
Catherine de Portugal, femme de
dom Jacques, duc de Bragance; le
duc de Savoie, celui de Parme, Antoine, chevalier de Malte et grand-
prieur de Crato, n'oubliaient rien
pour faire valoir leurs droits. On
publia différens écrits au nom de ces

princes, dans lesquels les jurisconsultes tâchaient de régler l'ordre de la succession, suivant les intérêts de ceux qui les faisaient travailler.

Philippe était fils de l'infante Isabelle, qui était fille aînée du roi Emmanuel. La duchesse de Bragance sortait du prince dom Edouard, fils du même roi Emmanuel. Le duc de Savoie était fils de la princesse Béatrix, sœur cadette de l'impératrice; et le duc de Parme avait pour mère Marie de Portugal, fille du prince Edouard, et sœur aînée de la duchesse de Bragance. Le grand-prieur était fils naturel de dom Louis de Beja, second fils du roi Emmanuel, et de Violante de Gomez, dite la Pélicane, l'une des plus belles personnes de son temps, et qu'Antoine son fils prétendait que le prince avait épousée secrètement. Catherine de Médicis se mit aussi sur

les rangs, et demandait cette couronne comme issue d'Alphonse III,
roi de Portugal, et de Mathilde,
comtesse de Boulogne. Le pape même
voulut tirer quelque avantage de ce
que le roi était cardinal, comme si la
couronne eût été un bénéfice dévolu
à la cour de Rome. On eut peu d'é-
gards à ces prétentions étrangères,
la plupart destituées de forces pour
les faire valoir.

On vit bien que cette grande succession regardait principalement le
roi d'Espagne et la duchesse de Bragance. Cette duchesse était aimée :
son mari sortait, quoiqu'en ligne
indirecte, des rois de Portugal ; et
elle prétendait à la couronne de son
chef, parce qu'elle était Portugaise,
et que par les lois fondamentales du
royaume, les princes étrangers en
étaient exclus, comme nous le venons

de dire au commencement de cet ouvrage. Philippe convenait d'un principe qui donnait l'exclusion aux ducs de Savoie et de Parme ; mais il ne prétendait pas qu'un roi des Espagnes pût être censé étranger en Portugal , d'autant plus que ce petit royaume avait été plus d'une fois sous la domination des rois de Castille. Ils avaient l'un et l'autre leurs partisans. Le cardinal-roi était obsédé par leurs sollicitations ; il n'osa toucher à cette grande affaire , et peut-être qu'il se fâcha d'entendre parler si souvent de son successeur. Il voulait vivre et régner , et il renvoya à une jonte la discussion des droits des prétendans , dont on ne devait décider qu'après sa mort.

1580.   Ce prince ne régna que dix-sept mois. Sa mort remplit le Portugal de troubles et de divisions ; chacun pre-

nait parti entre les prétendans , suivant son inclination ; les plus indifférens attendaient le jugement de la
jonte que le feu roi avait établie par
son testament. Mais Philippe, qui
n'ignorait pas que de si grands intérêts
ne se terminaient pas par l'avis des
jurisconsultes, fit entrer en Portugal
une puissante armée, commandée
par le fameux duc d'Albe, qui décida
l'affaire en sa faveur.

Il ne paraît point que le duc de
Bragance se mît en état de soutenir
ses droits par la voie des armes. Il
n'y eut que le grand-prieur qui fit
tous ses efforts pour s'opposer aux
Castillans ; la populace l'avait proclamé roi, et il en portait le titre,
comme s'il l'eût reçu des états du
royaume. Ses amis levèrent quelques
troupes en sa faveur ; mais le duc
d'Albe les tailla en pièces ; tout plia

devant un aussi grand capitaine que
le général Espagnol. Les Portugais,
peu unis entr'eux, sans généraux,
sans troupes réglées, et sans autres
forces que leur animosité naturelle
contre les Castillans, furent défaits
en différentes occasions. La plupart
des villes, dans la crainte d'être
exposées au pillage, firent leur traité
particulier. Philippe fut reconnu pour
le souverain légitime; ce prince prit
possession de ce royaume, comme
petit neveu et héritier du roi défunt,
quoique le droit de conquête lui parût le plus sûr; ce fut au moins celui
qui régla sa conduite et celle de ses
successeurs. Philippe III et Philippe
IV, son fils et son petit-fils, traitèrent
dans la suite les Portugais, moins
comme des sujets naturels, que
comme des peuples soumis par les
armes et par le droit de la guerre;

et ce royaume devenait insensiblement province d'Espagne, comme il
l'avait été autrefois, sans qu'il parût
que les Portugais fussent en état de
songer à se soustraire de la domination Castillanne. Les grands du royaume n'osaient paraître dans un éclat
conforme à leur dignité, ni exiger
tous les droits dus à leur rang, de
peur d'exciter les soupçons des ministres Espagnols, dans un temps où il
suffisait d'être riche, ou considéré
par sa naissance et par son mérite,
pour être suspect et persécuté. La
noblesse était comme reléguée dans
ses maisons de campagne, et le peuple était accablé d'impôts.

Le comte duc d'Olivarès, premier 1640.
ministre de Philippe IV, roi d'Espagne,
croyait qu'on ne pouvait trop affermir de nouvelles conquêtes ; il savait
qu'une antipathie ancienne et comme

naturelle, rendrait toujours, quoi
qu'il pût faire, la domination Espagnole odieuse aux Portugais; qu'ils
ne verraient jamais qu'avec indignation les charges et les gouvernemens
remplis par des étrangers, ou par des
gens tirés de la poussière, mais qui
avaient le mérite d'être entièrement
dévoués à la cour. Ainsi il prétendait
avoir assuré l'autorité de son maître,
en laissant les grands sans emploi,
en tenant la noblesse éloignée des
affaires, et rendant peu à peu le
peuple si pauvre, qu'il n'eût pas la
force de tenter aucun changement.
Outre cela, il tirait de ce royaume
tout ce qu'il y avait de jeunes gens
et d'hommes propres à porter les
armes, et les faisait servir dans les
guerres étrangères, de peur que ces
esprits inquiets ne troublassent la
tranquillité du gouvernement.

Mais cette politique, qui aurait pu réussir, portée jusqu'à un certain point, eut un effet tout contraire, ayant été poussée trop loin, tant par la nécessité des affaires où se trouva alors la cour d'Espagne, que par le caractère du premier ministre, qui était naturellement dur et inflexible. On ne gardait plus de mesures en Portugal; on ne daignait pas même employer les prétextes ordinaires pour exiger de l'argent du peuple; il semblait que ce fussent des contributions que l'on fît payer dans un pays ennemi, plutôt qu'un légitime tribut qu'on levât sur des sujets. Les Portugais n'ayant plus rien à perdre, et ne pouvant expérer de fin ni d'adoucissement à leurs misères, que dans le changement de l'état, songèrent à s'affranchir d'une domination qui leur avait toujours paru injuste, *Lusitania liberata, l. 3. c. i.*

et qui devenait tyrannique et insupportable.

Marguerite de Savoie, duchesse
de Mantoue, gouvernait alors le
Portugal en qualité de vice-reine;
mais ce n'était qu'un titre éclatant,
auquel la cour n'attribuait qu'un
pouvoir fort borné. Le secret des
affaires, et presque toute l'autorité,
étaient entre les mains de Michel
Vasconcellos, Portugais, qui faisait
la fonction de secrétaire d'état auprès
de la vice-reine, mais en effet, ministre absolu et indépendant. Il recevait directement les ordres du comte-
duc, dont il était créature, et auquel
il était devenu agréable et nécessaire
par l'habileté qu'il avait de tirer incessamment des sommes considérables
de Portugal, et par un esprit d'intrigue, qui faisait réussir ses plus secrètes intentions; il faisait naître des

haines et des inimitiés entre les grands
du royaume, qu'il fomentait habilement par des grâces et des distinctions
affectées, qui faisaient d'autant plus
de plaisir à ceux qui les recevaient,
qu'elles excitaient le dépit et la jalou·
sie des autres. Ces divisions qui
s'entretenaient entre les premières
maisons, faisaient la sûreté et le repos
du ministre, persuadé que tant que
les chefs ds ces maisons seraient occupés à satisfaire leurs haines et leurs
vengeances particulières, ils ne son-
geraient jamais à rien entreprendre
contre le gouvernement présent.

Il n'y avait dans tout le Portugal
que le duc de Bragance qui pût donner
quelque inquiétude aux Espagnols.
Ce prince était né d'une humeur
douce, agréable, mais un peu pares-
seuse ; son esprit était plus droit que
vif ; dans les affaires il allait toujours

au point principal ; il pénétrait aisément les choses auxquelles il s'appli-
quait, mais il n'aimait pas à s'appliquer. Le duc Théodose, son père,
qui était d'un tempérament impétueux et plein de feu, avait tâché de
lui laisser, comme par succession,
toute sa haine contre les Espagnols,
et les lui avait toujours fait regarder
comme des usurpateurs d'une couronne qui lui appartenait. Il avait fait
son possible pour lui inspirer toute
l'ambition que devait avoir un prince
qui pouvait espérer de remettre cette
couronne sur sa tête, et toute l'ardeur
et le courage nécessaires pour tenter
une si haute et si périlleuse entreprise.

Dom Juan avait pris, à la vérité,
tous les sentimens du duc son père ;
mais il ne les avait pris que dans le
degré que lui permettait son naturel
tranquille et modéré. Il haïssait les

Espagnols, mais non pas jusqu'à se donner beaucoup de peine pour se venger de leur injustice. Il avait de l'ambition, et il ne désespérait pas de monter sur le trône de ses ancêtres ; mais aussi il n'avait pas sur cela une si grande impatience que le duc Théodose en avait fait paraître. Il se contentait de ne pas perdre de vue ce dessein, sans hasarder mal à propos, pour une couronne fort incertaine, une vie agréable, et une fortune toute faite, qui était des plus éclatantes qu'un particulier pût souhaiter.

Ce qui est de constant, c'est que, s'il eût été précisément tel que l'avait souhaité le duc Théodose, il n'aurait point du tout été propre à parvenir où il le destinait. Le comte-duc le faisait observer de si près, que si sa vie oisive et voluptueuse n'eût été qu'un effet de son habileté, on l'aurait bientôt pénétré. C'était fait de son repos et de sa fortune. La cour d'Espagne ne l'aurait jamais souffert si puissant, et ne lui aurait jamais permis de passer sa vie au milieu de son pays.

La plus fine politique n'eût pu lui faire tenir une conduite plus sage envers les Espagnols, que celle qu'il tenait par un penchant tout naturel. Sa naissance, ses grands biens, les droits qu'il avait à la couronne, n'étaient pas des crimes; mais, selon les lois de la politique, il était assez criminel, puisqu'il était redoutable. Il le voyait bien; il savait qu'il n'avait qu'un parti à prendre, et il le prit autant par inclination que par raison. Il fallait pour diminuer son crime, c'est-à-dire, pour se faire moins redouter, et pour être moins suspect aux Espagnols, qu'il ne se mêlât d'aucune affaire, et qu'il ne fût et ne parût occupé que de divertissemens et de plaisirs. Il faisait parfaitement bien ce personnage. On ne voyait à Villaviciosa, séjour ordinaire des ducs de Bragance, que parties de chasse, que fêtes, que gens propres à goûter et à faire goûter tous les plaisirs d'une campagne délicieuse. Enfin, il semblait que la nature et la fortune avaient conspiré, l'une à lui donner des qualités proportionnées aux conjonctures des affaires de ce temps-là ; l'autre à disposer les affaires d'une manière qui pût faire valoir ses qualités naturelles. En effet, elles n'étaient pas assez brillantes pour faire craindre aux Espagnols qu'il voulût un jour entreprendre de se faire roi ; mais elles étaient assez solides pour donner aux Portugais l'espérance d'un gouvernement doux, sage et plein de modération, s'ils voulaient eux-mêmes entreprendre de le faire leur souverain.

Sa conduite ne pouvait causer aucun soupçon ; mais une affaire qui arriva quelque temps auparavant, et dans laquelle il n'avait aucune part, avait commencé de le rendre un peu suspect au premier ministre. Le peuple d'Evora, réduit au désespoir par quelques nouvelles impositions, s'était soulevé ; et dans la chaleur de la sédition, il était échappé aux plus échauffés, parmi des plaintes contre la tyrannie des Espagnols, des vœux publics pour la maison de Bragance. On reconnut alors, mais un peu tard, combien Philippe II avait manqué contre ses véritables intérêts, en laissant, dans un royaume nouvellement conquis, une maison aussi riche, et dont les droits à la couronne étaient si évidens.

. Cette considération détermina le 1639.
conseil d'Espagne à s'assurer du duc
de Bragance, ou du moins à l'éloigner
du Portugal. On lui offrit d'abord le
gouvernement du Milanez, qu'il re-
fusa, en représentant qu'il n'avait
pas assez de santé, ni assez de connaissance des affaires d'Italie, pour
se bien acquitter d'un emploi si important et si difficile.

Le ministre fit semblant d'entrer 1640.
dans ses raisons ; mais il chercha un Mai.
nouveau moyen pour l'attirer à la
cour. Le voyage que le roi devait
faire sur les frontières d'Arragon ,
pour punir la révolte des Catalans, lui
servit de prétexte pour l'engager à
faire ce voyage. Il lui écrivit pour
l'exhorter de venir, à la tête de la
noblesse de son pays, se joindre aux
troupes de Castille, dans une expédi·
tion qui ne pouvait être que glorieuse,

et où le roi commanderait en personne. Le ministre d'Espagne, pour affaiblir la noblesse Portugaise, avait fait publier un édit du roi Philippe IV, qui ordonnait à tous les Fidalques de se rendre incessamment dans l'armée destinée contre les Catalans, sous peine de perdre leurs fiefs relevans de la couronne; et il se flattait que le duc de Bragance, comme connétable né du Portugal, ne pourrait pas se dispenser de marcher en cette occasion. Mais comme le duc était en garde contre tout ce qui venait de la cour, il démêla aisément l'artifice, et il pria le ministre de faire agréer au roi ses excuses, sous prétexte de la grande dépense que sa naissance et son rang l'eussent obligé de faire, et qu'il n'était pas, disait-il, en état de soutenir.

Ces refus redoublés commencèrent

à alarmer le ministre. Quelqu'idée qu'il se fût faite de l'humeur tranquille et pacifique du duc de Bragance, il craignit qu'on ne l'eût fait apercevoir des droits qu'il avait à la couronne, et que la tentation de régner dans son pays ne l'emportât sur tout le penchant qu'il avait pour la tranquillité.

Ainsi, concevant de quelle importance il était au roi de se rendre maître de la personne de ce prince, il n'oublia rien pour y réussir; mais comme il était dangereux alors d'employer la force ouverte, à cause de l'affection extraordinaire que les Portugais avaient toujours eue pour la maison de Bragance, il résolut de l'éblouir à force de caresses, et de l'attirer par tous les dehors d'une amitié sincère et d'une confiance parfaite.

La France et l'Espagne étaient en guerre ; la flotte Française avait paru sur les côtes de Portugal ; cela fournit au ministre un prétexte favorable à ses desseins. Il fallait dans ce royaume un général pour commander les troupes qui étaient destinées pour la défense des côtes où les Français pouvaient faire quelques descentes. Il lui en envoya la commission, mais accompagnée de tant d'agrémens, et revêtue d'une autorité si absolue, soit pour fortifier les villes qui en avaient besoin, augmenter ou changer les garnisons, et disposer des vaisseaux qui se trouvaient dans les ports, qu'il semblait, par une confiance aveugle, lui livrer le royaume entier en sa puissance. Mais le piége n'en était que mieux caché. Il avait envoyé en même temps un ordre secret à dom Lopez Ozorio, qui commandait la flotte d'Espagne, d'entrer dans les ports où il apprendrait que serait le duc, comme si la tempête l'eût obligé d'y relâcher en croisant dans ces mers, et cet Espagnol devait l'attirer sur ses vaisseaux, en lui donnant quelque fête, et l'enlever aussitôt en Espagne. Mais la fortune en ordonna autrement. Une violente tempête surprit l'amiral Espagnol, fit périr plusieurs de ses vaisseaux, et dissipa le reste, sans qu'il pût aborder en Portugal.

Le comte-duc ne se rebuta pas pour ce mauvais succès. Il lui semblait que le hasard seul et la fortune avait sauvé le duc de Bragance, qui ne pouvait manquer d'être arrêté, si dom Lopez eût pu arriver dans les ports du royaume, comme il l'avait projeté. Il tourna l'artifice d'un autre côté ; il écrivit à ce prince en des termes pleins de la confiance la plus intime, et comme s'il eût partagé avec lui le ministère et le gouvernement de l'état. Il se plaignait par sa lettre, du malheur de la flotte, dans un temps où les ennemis étaient redoutables; qu'ayant perdu ce secours qui couvrait les côtes du Portugal, le roi souhaitait qu'il visitât exactement toutes les places et les ports de ce royaume, où les Français pouvaient faire quelqu'insulte; et lui envoyait en même temps une ordonnance de quarante mille ducats pour lever quelques nouvelles troupes, s'il en était besoin, et fournir aux frais de son voyage. Cependant les gouverneurs des citadelles, qui étaient la plupart Espagnols, avaient un ordre secret de s'assurer de sa personne, s'ils en trouvaient l'occasion favorable, et de le faire passer aussitôt en Espagne.

Idem.
Caët.
Passar.
p. 1.

Le duc de Bragance, trouvant
toutes ces marques de confiance trop
empressées et trop peu conformes à
la conduite ordinaire du ministre,
pour être sincères, s'en défia, et le
fit tomber dans le piége même qu'il
lui tendait. Ce prince lui écrivit pour
l'assurer qu'il acceptait, avec bien de
la joie, l'emploi de général que le
roi lui donnait, et qu'il espérait, par
son application et son zèle pour son
service, justifier son choix, et mériter
la grâce dont il l'avait honoré. Cependant, comme il commençait à envisager de plus près qu'il n'était pas
impossible de remonter sur le trône
de ses pères, il se servit du pouvoir
de sa charge, pour placer ses amis
dans les emplois et dans les postes où
ils lui pouvaient être un jour plus
utiles. Il employa l'argent d'Espagne
à se faire de nouvelles créatures ; et

lorsqu'il visita les places, il se fit toujours si bien accompagner, qu'il fit perdre l'espérance qu'on avait de se rendre maître de sa personne.

Idem, ibid. L'autorité dont on l'avait revêtu faisait murmurer hautement toute la cour d'Espagne. Comme on ne pénétrait point les raisons du ministre, qui n'étaient connues que du roi, on voulait rendre sa conduite suspecte au prince, parce qu'il était allié de la maison de Bragance. On disait qu'il y avait de l'imprudence à confier toute l'autorité de général des troupes de Portugal à un homme qui pouvait avoir de trop hautes prétentions sur ce royaume; que c'était armer ses droits, et l'exposer à la tentation de tourner ses armes contre son souverain. Mais le roi fut d'autant plus affermi dans sa résolution, qu'il s'aperçut qu'on était bien éloigné de

pénétrer

pénétrer son secret. Ainsi le duc de Bragance, à la faveur de son nouvel emploi, parcourut librement tout le Portugal, et ce fut dans ce voyage qu'il jeta les premiers fondemens de son élévation. Il avait un équipage magnifique, qui lui attirait les yeux des peuples dans tous les lieux où il passait; il écoutait tout le monde avec beaucoup de douceur et de bonté; il réprimait l'insolence du soldat, et en même temps comblait de louanges les officiers; il les gagnait par toutes les récompenses dont il était maître. Son honnêteté charmait la noblesse; il la recevait avec des distinctions obligeantes, et selon le mérite et la qualité de chacun. Enfin, il répandait des biens partout où il passait; il s'acquérait encore plus d'amis par les grâces qu'on espérait de lui, que par celles qu'il faisait;

C

de sorte que ceux qui le voyaient, croyaient ne souhaiter que leur bonheur, en faisant des vœux pour son élévation.

Les partisans de ce prince, de leur côté, n'oubliaient rien pour établir sa réputation. Pinto Ribeiro, intendant de sa maison, était celui de tous qui travaillait le plus efficacement à donner le branle aux affaires, et à réduire dans un plan exact les vues qu'il avait pour la grandeur de son maître. C'était un homme actif, vigilant, consommé dans les affaires, et qui avait une passion violente pour l'élévation du duc, sans doute parce qu'il se flattait d'avoir un jour beaucoup de part au ministère, s'il pouvait venir à bout de le faire régner. Ce prince lui avait avoué plusieurs fois qu'il profiterait avec plaisir d'une occasion qui pût le

mettre sur le trône, mais qu'il n'était
point résolu de tenter cette entreprise comme un simple aventurier
qui n'aurait rien à perdre; que cependant il pouvait toujours ménager
les esprits, et lui acquérir de nouvelles créatures, pourvu qu'il ne
l'engageât à rien, et qu'il parût qu'il
n'avait aucune part à ce qu'il pourrait
traiter.

Pinto travaillait depuis long-temps
dans Lisbonne, avec beaucoup d'application, à remarquer les mécontens,
et à en faire de nouveaux. Il répandait secrétement des plaintes contre
le gouvernement présent, tantôt
avec chaleur, tantôt avec des manières plus retenues, selon le caractère et la qualité des personnes avec
qui il se trouvait. Mais la haine que
les Portugais portaient aux Espagnols,
était si générale, qu'il n'avait pas

même besoin de cette précaution , et il n'y avait point de Portugais qui ne fût capable d'un secret qui avait pour objet la perte d'un Espagnol. Pinto faisait souvenir les gens de qualité des emplois honorables qui avaient été autrefois dans leurs maisons, quand le Portugal était gouverné par ses princes naturels. Mais rien ne touchait davantage le corps de la noblesse, que l'arrière-ban que le roi avait convoqué pour passer en Catalogne. Pinto leur faisait envisager cette expédition comme un exil dont ils ne reviendraient qu'avec bien de la peine; qu'outre la grande dépense, ils auraient à souffrir les hauteurs ordinaires des Espagnols; et que la politique d'Espagne ayant un intérêt secret à perdre les plus braves, on les exposerait toujours aux occasions où il y aurait plus de péril à essuyer, sans leur laisser aucune part à la gloire.

S'il se trouvait avec des bourgeois et des marchands, il criait contre l'injustice des Espagnols, qui avaient ruiné Lisbonne et tout le Portugal, en transférant le commerce des Indes à Cadix. Il ne les entretenait jamais que de la misère extrême où ils étaient réduits sous une domination si tyrannique, et de la félicité des peuples * qui s'en étaient si généreusement délivrés.

* Hollandais. Catalans.

Enfin, il faisait souvenir le clergé en combien de rencontres on avait violé ses priviléges, et les immunités de l'Eglise ; que les bénéfices et les dignités les plus considérables du royaume étaient la proie des étrangers, au lieu de servir de juste récompense au mérite et à la capacité des Portugais naturels.

Avec ceux qu'il savait être mécontens, il tournait habilement le discours sur les qualités de son maître, pour sonder les inclinations. Il se plaignait de la vie oisive où ce prince paraissait enseveli; qu'il était fâcheux que celui qui pouvait seul remédier efficacement à tant de désordres, eût si peu d'affection pour son pays, et même tant d'indifférence pour sa propre grandeur; et remarquant que ces discours faisaient impression, il allait jusqu'à flatter les uns du glorieux titre de libérateurs de la patrie, excitant l'indignation de ceux qui avaient été maltraités par les Espagnols, laissant entrevoir de grandes espérances à d'autres dans le changement de l'état.

Il sut ménager si heureusement les esprits, qu'après s'être assuré de plusieurs en particulier, il assembla

enfin un nombre considérable de
noblesse, et à la tête se trouva l'archevêque de Lisbonne.

· Ce prélat était d'une des meilleures
maisons du royaume *, savant, habile dans les affaires, aimé du peuple,
mais haï des Espagnols, qu'il haïssait
réciproquement, parce qu'ils lui pré-
féraient l'archevêque de Brague *,
créature de la vice-reine, qu'ils
avaient fait président de la chambre
d'Opaco, et à qui ils donnaient quelque part dans les affaires du gouvernement

· Parmi les gens de qualité qui formèrent cette assemblée, dom Michel
d'Almeida s'y fit distinguer. C'était
un vénérable vieillard, qui avait
acquis une considération extraordinaire par son mérite. Il faisait gloire
d'aimer sa patrie plus que sa fortune;
il était indigné de la voir comme

* D'A-
cugna.

* Dom
Sebast.
de Mat-
tos de
Noro-
gna.

réduite en servitude par des usurpateurs. Il s'était soutenu toute sa vie dans ces sentimens, avec beaucoup de courage et de fermeté, sans que les prières de sa famille et les conseils de ses amis l'eussent pu obliger d'aller au palais, et de faire sa cour aux ministres d'Espagne. C'était par cette fermeté qu'il leur était devenu fort suspect. Ce fut aussi le premier sur qui Pinto jeta les yeux pour se déclarer un peu plus ouvertement, sachant bien qu'il ne courait aucun risque avec un homme de ce caractère, qui d'ailleurs était d'un grand poids pour attirer la noblesse dans son parti.

Dom Antoine d'Almada, intime ami de l'archevêque, s'y trouva aussi avec dom Louis son fils, dom Louis d'Acugna, neveu de ce prélat, et qui avait épousé la fille de dom

Antoine d'Almada ; le grand veneur
Mello, dom Georges son frère, Pierre
Mendose, dom Rodrigo de Saa,
grand chambellan, et plusieurs officiers de la maison royale, dont les
charges étaient devenues des titres
inutiles, depuis que le Portugal avait
perdu ses rois naturels.

Dans cette assemblée, l'archevêque, naturellement éloquent, donna
une idée affreuse de l'état du royaume, depuis que les Espagnols eu
étaient les maîtres. Il représenta que
Philippe II, pour assurer sa conquête, avait fait périr un nombre
infini de noblesse ; qu'il n'avait pas
épargné les ecclésiastiques, témoin
ce fameux bref d'absolution *, qu'il
avait obtenu du pape pour deux
mille prêtres et religieux qu'il avait
fait mourir pour assurer son usurpa-
tion. Que depuis ces malheureux

* Co-
nesta-
gio.

temps les Espagnols n'avaient point
changé de politique ; qu'ils avaient ,
sous différens prétextes, fait périr
plusieurs personnes de mérite, qui
ne pouvaient être accusées que d'aimer trop leur pays ; qu'il n'y avait
personne dans l'assemblée, dont la
vie et les biens fussent en sûreté ;
que la noblesse était méprisée, les
grands reculés du gouvernement ,
sans emplois et sans considération ;
que l'Eglise n'avait eu que d'indignes
ministres, depuis que Vasconcellos
faisait des bénéfices la récompense de
ses créatures ; que le peuple était
accablé d'impôts , les campagnes
sans laboureurs, et les villes désertes,
par les soldats qu'on prenait par
force pour les envoyer en Catalogne ;
que les ordres qu'on avait reçus d'y
faire passer la noblesse, sous prétexte
de l'arrière-ban , étaient le dernier

coup de la politique du ministre, qui se voulait défaire des gentils-hommes, seul obstacle dans le royaume à ses pernicieux desseins ; que le moindre mal qui leur en pouvait arriver, était un exil très-long; qu'ils vieilliraient comme de malheureux étrangers dans le fond de la Castille, pendant que de nouvelles colonies s'empareraient de leurs biens, comme dans un pays de conquête; que l'idée funeste de tant de malheurs lui ferait souhaiter la mort, plutôt que voir la ruine entière et la destruction de son pays, s'il n'espérait qu'un si grand nombre de gens de mérite ne se seraient pas assemblés inutilement.

Ce discours renouvela, dans l'assemblée, le fâcheux souvenir de tous les maux que l'on souffrait depuis long-temps. Chacun s'empressait de donner des exemples de la cruauté de Vasconcellos. Les uns avaient perdu leurs biens par ses injustices; il avait enlevé à d'autres des charges et des gouvernemens héréditaires, pour y placer ses créatures; plusieurs avaient gémi long-temps dans les prisons, pour satisfaire aux soupçons des Espagnols; quelques-uns regrettaient encore leurs pères, leurs frères, ou leurs amis retenus à Madrid, ou envoyés en Catalogne comme de malheureux otages de la fidélité de leurs compatriotes. Enfin, il n'y en avait aucun qui, dans l'intérêt général, ne trouvât une injure particulière à venger. Le voyage de Catalogne excitait sur-tout leur colère et leur indignation. Ils voyaient que ce n'était pas tant le besoin qu'on pouvait avoir de leur secours, que le dessein de les ruiner, qui engageait la cour d'Espagne à leur faire

faire un si long voyage. Ces considérations, jointes à l'espérance de se
venger de tant d'outrages qu'ils
avaient reçus, achevèrent de les
déterminer à prendre des mesures,
pour secouer sûrement un joug qui
leur paraissait si pesant; et n'envisa-
geant point d'adoucissement dans
leurs maux, ils se reprochèrent leur
patience, comme une bassesse et une
lâcheté, et convinrent enfin de la
nécessité pressante de chasser les Espagnols; mais ils se partagèrent sur
l'espèce de gouvernement qu'ils devaient choisir.

Une partie de l'assemblée penchait
à un gouvernement républicain, à
peu près semblable à celui de Hollande; l'autre partie souhaitait un
roi; et entre ceux-ci, quelques-uns
proposèrent le duc de Bragance;
d'autres, le marquis de Villaréal, et

Idem.
ibid. p.
525.

Caët.
de bello
Lusit.

d'autres enfin, le duc d'Aveiro, tous trois princes du sang royal de Portugal ; et chacun prenait son parti, selon son inclination et ses intérêts particuliers. Mais l'archevêque, qui était dévoué à la maison de Bragance, se servant habilement de toute l'autorité de son caractère, leur remontra avec beaucoup de force que le choix du gouvernement n'était point arbitraire ; qu'ils ne pouvaient en conscience rompre le serment de fidélité qu'ils avaient fait au roi d'Espagne, si ce n'était pour rendre justice à l'héritier légitime de la couronne ; que tout le monde savait qu'elle appartenait au duc de Bragance, et ainsi qu'il fallait se déterminer, ou à le reconnaître pour leur roi, ou à rester pour jamais sous la domination d'Espagne.

Ensuite il leur fit envisager la

puissance, les grands biens, et le
nombre considérable des vassaux de
ce prince, dont presque le tiers du
royaume relevait; que, dans le dessein de chasser les Espagnols, ils ne
pouvaient raisonnablement espérer
d'y réussir, s'ils ne l'avaient à leur tête;
et que, pour l'y engager, ils devaient
lui offrir la couronne, quand d'ailleurs
il n'y aurait pas des droits incontestables, comme premier prince du
sang. De là il passa à ses bonnes qualités; il fit voir sa prudence, sa sa-
gesse, et sur-tout la douceur et la
bonté qui paraissaient dans sa conduite. Enfin, il sut tourner si heureusement les esprits, qu'il les ramena
tous au point de le souhaiter pour
leur roi, et ils convinrent, avant
que de se séparer, qu'on n'oublierait
rien pour l'engager dans ce dessein.
L'assemblée se sépara, et on demeu-

ra d'accord des jours et de l'heure que l'on se rassemblerait, pour délibérer sur les moyens qui pouvaient faciliter un prompt et heureux succès.

Pinto, voyant les esprits disposés en faveur de son maître, lui écrivit secrétement de s'approcher de Lisbonne, afin d'encourager les conjurés par sa présence, et de prendre avec eux des mesures précises pour l'exécution de leur dessein. Cet homme habile remuait tous les ressorts de cette affaire, sans paraître y avoir plus de part qu'un simple particulier, qui aurait été animé seulement par le zèle du bien public. Il faisait semblant de douter que son maître y voulût entrer, à cause de la répugnance naturelle qu'il avait pour les entreprises hasardeuses, et qui demandent beaucoup de suite et d'application. Il faisait naître sur cela

certaines difficultés, qui ne servaient
qu'à éloigner le soupçon qu'on eût
pu prendre qu'il s'entendait avec son
maître, et telles néanmoins que n'é-
tant pas assez grandes pour les dé-
courager, elles n'étaient propres au
contraire qu'à exciter leur ardeur,
et à les engager davantage.

Sur l'avis de Pinto, le duc partit
quelques jours après de Villaviciosa,
et arriva à Almada, qui est un château proche de Lisbonne, dont il
est seulement séparé par le Tage,
comme s'il y fût arrivé naturellement dans le cours des visites qu'il
faisait de toutes les places fortes du
royaume. Il avait un équipage si
magnifique, et il était accompagné
d'une escorte si nombreuse de gens
de qualité et d'officiers de guerre,
qu'il ressemblait plutôt à un roi qui
prend possession de son royaume,

qu'à un simple gouverneur de province, qui visite les places de son
gouvernement. Il se trouva si près
de Lisbonne, qu'il ne put se dispenser d'aller rendre ses devoirs à la
vice-reine. Lorsqu'il entra, la grande
cour du palais et toutes les avenues
se trouvèrent remplies d'un nombre
infini de peuple, qui s'empressait
pour le voir passer; toute la noblesse
se rendit auprès de lui, pour l'accompagner chez la vice-reine. Ce
fut une fête publique dans toute la
ville; et il se répandit dans tous les
esprits tant de joie de le voir, qu'il
semblait qu'il ne manquât ce jour-là
qu'un héraut au peuple pour le proclamer roi, ou à lui-même assez de
résolution pour oser mettre la couronne sur sa tête.

Mais ce prince était trop sage et
trop habile pour commettre un si

grand dessein aux saillies d'un peuple léger et inconstant. Il savait combien il y a loin de ces vains applaudissemens où le peuple s'abandonne aisément, à ces mouvemens constans qui sont nécessaires pour soutenir une entreprise de cette nature. Ainsi, après avoir pris congé de la vice-reine, il se retira à Almada, sans vouloir même descendre à l'hôtel de Bragance, ni passer par la ville, de peur de faire de la peine aux Espagnols, que les empressemens du peuple n'avaient déjà que trop alarmés.

Pinto ne manqua pas de faire observer à ses amis la timide précaution de son maître; il leur représenta qu'il fallait profiter de son séjour à Almada, pour s'expliquer avec lui, et lui faire même une espèce de violence, pour l'engager à recevoir la couronne, et assurer par-là le salut de l'état. Les conjurés ayant approuvé cet avis, on le chargea d'obtenir de son maître une heure favorable pour lui en faire la proposition. Il n'eut pas de peine à en accepter la commission. Le duc de Bragance consentit à cette entrevue, à condition néanmoins qu'il n'y aurait au plus que trois conjurés qui conféreraient avec lui, n'ayant pas trouvé à propos de s'expliquer devant plus de monde.

Ainsi Michel d'Almeïda, Antoine d'Almada et Mendoze se rendirent chez lui la nuit, et ayant été introduits secrétement dans le cabinet du prince, d'Almada, qui portait la parole pour les autres, lui représenta vivement le malheureux état du royaume, où toutes les conditions avaient également à souffrir de l'in-

justice et de la cruauté des Castillans;
que lui-même, tout grand prince
qu'il était, n'était pas à couvert de
leurs attentats ; qu'il était trop éclairé
pour ne pas s'apercevoir avec quelle
application le ministre cherchait à le
perdre ; qu'il n'avait d'asile, pour
échapper à ses mauvais desseins ,
que le trône ; et que pour l'y porter ,
il était chargé de lui offrir les services d'un nombre considérable de gens
de qualité, qui sacrifieraient leurs biens
avec plaisir, et qui étaient tous prêts
à exposer leur vie pour ses intérêts,
et pour venger la nation de la tyrannie des Castillans.

Il lui dit ensuite que l'on n'était
plus au temps de Charles-Quint et
de Philippe II , où les Espagnols
donnaient des lois et se faisaient
craindre presque dans toute l'Europe; que cette monarchie, qui em-

brassait autrefois de si vastes desseins, avait bien de la peine à présent à conserver son ancien domaine, attaquée, et souvent battue par les Français et les Hollandais, qui lui faisaient la guerre ; que la Catalogne seule occupait toutes ses forces ; qu'elle était sans troupes considérables, sans argent, et gouvernée par un prince faible, qui était gouverné lui-même par un ministre odieux à tout le royaume.

·Il lui fit envisager l'alliance et la protection qu'il pouvait espérer des princes de l'Europe, ennemis naturels de la maison d'Autriche ; que la Hollande et la Catalogne lui apprenaient ce qu'il devait attendre d'un grand ministre *, dont le génie sublime et élevé semblait n'être appliqué qu'à la ruine de la maison d'Autriche. Que la mer lui ouvrait un chemin

* Le cardinal de Richelieu

assuré pour en recevoir les secours nécessaires ; enfin, que le royaume se trouvant délivré de la plupart des garnisons Castillannes , que le roi d'Espagne avait été obligé de retirer de Portugal pour grossir son armée de Catalogne, il ne pouvait jamais trouver de conjonctures plus favorables pour faire valoir ses droits légitimes, pour mettre ses grands biens, sa maison et sa vie en sûreté , et pour délivrer son pays d'un esclavage et d'une tyrannie insupportables.

Ce discours était, comme l'on peut juger, fort au goût du duc de Bragance; mais se renfermant dans le caractère froid et modéré qui lui était naturel, il ménagea tellement les termes de sa réponse aux députés, qu'il semblait ni leur ôter rien de leur espérance, ni aussi l'augmenter.

Il leur dit qu'il convenait avec

Caët.
Passar.
l. 2. p.
13.

eux de l'état déplorable où les Espagnols avaient réduit le royaume, et que lui même n'était pas sans danger; qu'on ne pouvait trop louer le zèle qu'ils faisaient paraître pour le bien de leur patrie, et qu'il leur était en particulier bien obligé des vues favorables qu'ils avaient pour ses intérêts; mais après tout, qu'il doutait qu'il fût encore temps de songer à des remèdes aussi violens que ceux qu'on lui proposait, et qui avaient toujours des suites terribles, quand ils ne réussissaient pas entièrement.

A cette réponse, qu'il ne voulut pas faire plus positive, il ajouta des manières si caressantes, et des remercîmens si honnêtes à chacun d'eux en particulier, qu'ils jugèrent bien que leur députation avait été agréablement reçue; mais qu'après tout ils ne devaient guères attendre que

que le prince fît d'autres pas dans cette entreprise, que d'y donner son consentement quand ils l'auraient mise en état, et que le succès n'en fût plus douteux.

Après avoir pris de nouvelles mesures avec Pinto, il s'en retourna aussitôt à Villaviciosa, avec des inquiétudes qu'il n'avait point encore éprouvées, et qui ne lui permirent pas de sentir les plaisirs qu'il avait goûtés jusque-là dans une vie privée.

Il ne fut pas plutôt arrivé, qu'il communiqua à la duchesse sa femme les propositions qu'on lui avait faites. Cette princesse était Espagnole de naissance, sœur du duc de Medina Sidonia, grand d'Espagne, et gouverneur d'Andalousie. Elle était née avec une forte inclination pour tout ce qui paraissait grand, et cette inclination était peu à peu devenue une passion démesurée pour la gloire et pour l'élévation. Le duc son père, qui s'était aperçu qu'on ne devait pas moins attendre de son esprit que de son courage, avait pris soin de cultiver un si beau naturel avec une application singulière. Il avait mis auprès d'elle des personnes habiles, qui lui avaient inspiré des sentimens pleins de cette ambition, que l'on regarde dans le monde comme quelque chose de noble, et comme la première vertu des princes (*). Elle s'était appliquée de bonne heure à démêler les différens caractères des hommes, et à deviner, par les de-

____

(*) Ad hæc, politicas artes, bonos et malos regiminis dolos, dominationis arcana, humani latibula ingenii, non modò intelligere mulier, sed et pertractare quoque ac provehere, tam naturâ quàm disciplinâ mirificè instructa fuit. (*Caët. Passar. de bello Lusitano*).

hors les plus fins et les plus délicats, les sentimens les plus cachés de ceux qu'elle voyait ; et par cette attention, elle était devenue si habile et si pénétrante, qu'il n'y eut rien de caché pour elle dans le cœur des courtisans les plus dissimulés. En un mot, il ne lui manquait ni courage pour entreprendre les choses les plus difficiles, pourvu qu'elles lui parussent grandes et glorieuses, ni lumières pour trouver le moyen d'y parvenir. Ses manières étaient nobles, grandes, aisées, et pleines d'une certaine douceur majestueuse, qui inspirait de l'amour et du respect à tous ceux qui l'approchaient.

Elle prit toutes les manières du Portugal avec tant de facilité, qu'elle semblait être née à Lisbonne. Elle s'appliqua d'abord à gagner l'estime de son mari, et elle y réussit par-

faitement par l'austérité de sa conduite, par une dévotion solide, et
par une complaisance parfaite pour
la plupart de ses goûts. Elle négligeait
tous les plaisirs qui font l'amusement
des personnes de sa qualité et de
son âge, et ne paraissait occupée,
même dans ses heures de loisir,
que des choses qui pouvaient embellir
son esprit, et rendre son jugement
plus juste.

Le duc de Bragance était charmé
de posséder une personne si accom-
plie. Il avait pour elle une estime
infinie et une confiance parfaite; il
n'entreprenait jamais rien sans la
consulter; ainsi il n'avait garde de
s'engager plus avant dans une affaire
aussi importante, qu'il n'eût pris
son avis, et consulté toutes choses
avec elle.

Il lui découvrit donc le plan de la

conjuration, les noms des conjurés, l'ardeur qu'ils faisaient paraître pour la faire réussir, et ce qui s'était passé, tant à Lisbonne, que dans la conférence d'Almada. Il ajouta que, sur la nouvelle du voyage de Catalogne, il avait pressenti que la noblesse était résolue d'éclater plutôt que de sortir du royaume, et qu'il était à craindre qu'à son refus ils ne portassent leurs vues d'un autre côté et sur un autre chef; que cependant il ne pouvait s'empêcher de lui avouer que la grandeur du péril l'épouvantait; que quand il n'avait envisagé que de loin le dessein de s'élever sur le trône, cette idée flatteuse de grandeur s'était agréablement emparée de son esprit; mais qu'à présent qu'il fallait essayer la fortune, et courir tous les risques d'une entreprise aussi dangereuse, il ne pouvait envisager, sans quelque frayeur, le péril où il s'allait jeter, lui et toute sa maison ; qu'il y avait peu de fond à faire sur l'humeur du peuple inconstant, que la moindre difficulté rebute et dissipe facilement ; que ce n'était pas assez d'avoir la noblesse de son côté, si elle n'était appuyée des grands du royaume ; mais que, bien loin de se flatter qu'ils entrassent dans ses intérêts, il les trouverait toujours en son chemin comme ses plus cruels ennemis, la jalousie naturelle aux hommes ne leur permettant pas de faire leur maître de celui qui était leur égal.

Ces considérations, jointes à beaucoup d'autres, prises du côté de la puissance du roi d'Espagne, et du peu de sûreté qu'il y avait à se confier au secours des étrangers, balançaient dans l'âme de ce prince la passion qu'il avait de régner. Mais la duchesse, dont l'âme était plus ferme et l'ambition plus vive, entra parfaitement dans le dessein de la conjuration. La vue d'une si grande entreprise ne fit qu'exciter son courage, et réveiller ses désirs d'élévation. Elle demanda au duc, en cas qu'à son refus le Portugal se tournât en république, quel parti il prendrait entre ce nouveau gouvernement et le roi d'Espagne. Le duc lui dit qu'il serait toute sa vie inviolablement attaché aux intérêts de sa patrie. Votre résolution, lui dit la duchesse, me fournit la réponse que je dois vous faire, et que vous deviez faire même aux députés de la noblesse ; et puisque vous voulez bien vous exposer aux plus grands dangers, en qualité de sujet de la république,

Il y a des auteurs qui attribuent ce trait à Paës, secrétaire du duc de Bragance.

il est plus avantageux, et il vous sera bien plus glorieux de tenter la fortune pour défendre une couronne qui vous appartient, et que le peuple et la noblesse vous veulent mettre sur la tête. Elle lui représenta ensuite, avec beaucoup de force, les droits incontestables qu'il avait à la couronne; que dans le malheureux état où les Castillans avaient réduit le Portugal, il n'était pas permis à un homme de sa qualité et de son rang de demeurer dans l'indifférence; que ses enfans et toute sa postérité reprocheraient à sa mémoire, comme une lâcheté indigne de son sang, de n'avoir pas profité d'une occasion si favorable. Ensuite elle exagéra à ce prince la douceur de régner dans un lieu où il n'obéissait même qu'avec crainte, les charmes d'une couronne, la facilité de s'en emparer;

que quand même il n'aurait pas le
secours étranger qu'on lui offrait,
il était assez puissant par lui-même
en Portugal pour en chasser les Espagnols, sur-tout dans la conjoncture de la révolte de la Catalogne.
Enfin, elle sut lui montrer la couronne par des côtés si brillans, qu'elle
le détermina entièrement. Mais elle
entra dans la vue qu'il avait de
laisser grossir le nombre des conjurés, avant que de se déclarer plus
positivement, et de ne paraître ouvertement dans cette affaire qu'au
moment de l'exécution.

Cependant la cour n'était pas sans
inquiétude. Ces marques extraordinaires de joie, que le peuple de
Lisbonne avait fait paraître à la vue
du duc de Bragance, avaient fait
impression sur le ministre.

Il commençait à soupçonner qu'il

se faisait à Lisbonne des assemblées secrètes ; et certains bruits, qui pour l'ordinaire marchent sourdement à la tête des grands événemens, augmentaient fort son inquiétude.

Le roi tint sur cela plusieurs conseils ; et on résolut, pour ôter aux Portugais l'espoir de réussir dans la révolte qu'ils pouvaient méditer, de faire venir incessamment à Madrid le duc de Bragance, le seul chef qui était à craindre dans ce royaume. Le comte-duc lui envoya un courrier, et lui manda que le roi voulait être instruit par sa bouche, et conférer avec lui de l'état où étaient les troupes et les places de Portugal ; qu'il était fort souhaité à la cour par ses amis, et qu'il ne devait pas douter qu'il n'y fût reçu avec toute la distinction qui était due à sa naissance et à son mérite.

Un coup de foudre ne l'aurait pas surpris davantage, qu'il le fut par cette nouvelle. Les empressemens et les différens prétextes que l'on employait pour le tirer de Portugal, le confirmèrent dans la pensée que l'on en voulait à sa personne, et que sa perte était résolue. Ce n'est plus par des emplois ou de feintes caresses qu'on l'attaque ; ce sont des ordres précis, et qui seront suivis de la force et de la violence, s'il désobéit. La crainte d'être trahi s'empara de son esprit ; et comme ceux qui roulent de grands desseins dans leur tête croient que le monde, appliqué à leurs démarches, devine toujours leur secret, ce prince habile, mais un peu timide et défiant, se crut précipité dans les plus grands malheurs.

Cependant, pour gagner du temps,

et pour avoir le loisir d'avertir les conjurés du péril où il se trouvait, il dépêcha à Madrid, par l'avis de la duchesse sa femme, un gentilhomme de sa maison, homme d'esprit et fidèle, pour assurer le ministre qu'il se rendrait incessamment auprès du roi. Mais il lui avait ordonné en secret de prendre de temps en temps différens prétextes pour excuser son retardement, et prétendait ainsi prévenir l'orage en avançant la conspiration. Ce gentilhomme ne fut pas plutôt à Madrid, qu'il assura le roi et le premier ministre que son maître le suivait. Il prit un grand hôtel, qu'il fit meubler magnifiquement ; il arrêta en même temps un nombre considérable de domestiques, à qui il donna par avance des livrées. Il faisait tous les jours des dépenses excessives ; enfin il n'oublia rien pour faire croire que ce prince arriverait incessamment, et qu'il voulait paraître à la cour dans tout l'éclat de sa naissance.

Il feignit, quelques jours après, d'avoir reçu avis qu'il était malade considérablement. Ensuite ayant usé ce prétexte, qui ne pouvait durer long-temps, il présenta un mémoire au premier ministre, où il demandait, au nom du duc son maître, que le roi réglât le rang qu'il devait avoir à la cour. Il croyait faire durer long-temps cette affaire par l'opposition des grands, qui pourraient intervenir pour soutenir leurs droits. Mais le ministre, à qui tous ces retardemens devenaient suspects, aplanit toutes les difficultés, fit décider la chose par le roi en sa faveur, et d'une manière qui lui devait être fort honorable; tant il avait de passion de le faire sortir de son pays, et de le voir à Madrid.

Les conjurés n'eurent pas plutôt appris les ordres que le duc avait reçus de la cour, que craignant qu'il n'y déférât trop promptement, ils firent partir incessamment Mendoze pour le rassurer, et pour le déterminer en-même temps à prendre généreusement son parti. Ils firent choix de ce Seigneur, parce qu'étant gouverneur d'une place proche Villaviciosa, le prétexte d'aller à son gouvernement cachait aux Espagnols l'intention secrète de son voyage. Il prit son temps pour rencontrer ce prince à la chasse. Ils s'enfoncèrent aussitôt dans le bois; et s'étant arrêtés dans un endroit écarté, Mendoze lui remontra le péril où il s'allait jeter en allant à la cour; qu'il ruinait absolument l'espérance de la noblesse et du peuple, en se remettant avec trop de confiance entre les mains de ses ennemis ; qu'il y avait un très-grand nombre de gentilshommes qualifiés, résolus de sacrifier leurs biens et leur vie pour son service, qui n'attendaient que son aveu pour éclater ; que le moment était venu où il fallait choisir ou la mort ou la couronne ; qu'il était dangereux de différer davantage, et qu'il ne devait pas douter qu'une affaire de cette importance, répandue parmi tant de gens, ne vînt enfin à la connaissance des Espagnols. Le duc lui répondit qu'il entrait dans ses sentimens, et qu'il pouvait assurer ses amis qu'il était entièrement résolu de se mettre à leur tête.

Mendoze s'en retourna d'abord chez lui, pour faire perdre à ceux qui eussent pu l'observer, les soup-

çons que pouvait causer son voyage.
Il se contenta de mander aux conjurés qu'il s'était trouvé à une partie
de chasse, et que le gibier s'était
fait battre long-temps, mais qu'à la
fin la chasse avait été heureuse. Il
s'en retourna peu de jours après à
Lisbonne. Il apprit à ses amis le
succès de son voyage, et que le
prince demandait Pinto. Ils le firent
partir en même temps, avec toutes
les instructions nécessaires pour l'in-
former du plan et des moyens de
l'exécution. Pinto lui apprit en arrivant, que la cour de Lisbonne était
sérieusement brouillée; que la vice-
reine se plaignait hautement de l'insolence et de la fierté de Vasconcellos; qu'elle ne pouvait plus souffrir
que toutes les dépêches de la cour
d'Espagne lui fussent adressées, pendant que, revêtue d'un titre imagi-

naire, elle demeurait sans fonction et sans autorité. Ses plaintes étaient d'autant mieux fondées, que c'était une princesse d'un grand mérite, et qui se sentait capable de remplir dignement toute l'étendue de son emploi. Mais elle ne s'apercevait pas que c'était son mérite même et la grandeur de son esprit qui étaient la principale raison pour laquelle on lui donnait si peu de part dans le gouvernement. Pinto fit remarquer à son maître combien cette mésintelligence était favorable à ses desseins ; qu'il ne pouvait prendre une conjoncture plus heureuse que les divisions du palais, qui laissaient moins d'attention au ministre d'Espagne pour observer ses démarches.

Le duc de Bragance, depuis le départ de Mendoze, était retombé dans ses irrésolutions ordinaires. Plus l'affaire s'engageait, et plus ses incertitudes augmentaient. Pinto fit tous ses efforts pour l'empêcher de balancer davantage ; et mêlant des menaces à ses raisons et à ses prières, il lui déclara qu'il serait proclamé roi malgré qu'il en eût, sans qu'il pût tirer d'autre fruit de son irrésolution, que de courir un plus grand péril, et de faire de plus grandes pertes. La duchesse sa femme se joignit à ce fidèle domestique, et lui reprocha sa lâcheté, de préférer la sûreté d'une vie caduque à la dignité royale. Le duc, honteux de faire paraître moins de courage qu'une femme, se rendit à ses reproches et à ses raisons ; il se trouvait encore pressé par ce gentilhomme qu'il avait envoyé à Madrid. Il lui écrivait tous les jours qu'il ne pouvait plus soutenir son absence et ses retardemens auprès du ministre, qui commençait à ne vouloir plus écouter ses excuses. Ainsi, voyant bien qu'il n'avait pas de temps à perdre, il résolut d'éclater sans différer davantage. Il manda cependant à ce gentilhomme, pour gagner du temps, de représenter au comte-duc d'Olivarès, qu'il serait déjà arrivé à Madrid, s'il avait eu assez d'argent pour en faire le voyage, et pour y paraître selon sa naissance et le rang qu'il tenait dans le royaume; et que, sitôt qu'il aurait pu recouvrer les fonds nécessaires, il partirait pour se rendre à la cour.

Il examina ensuite, avec la duchesse et avec Pinto, plusieurs moyens différens pour l'exécution de son dessein. Et enfin le duc s'arrêta à celui-ci : que l'on s'assurerait d'abord de Lisbonne, qui étant la capitale, donnerait le branle à tout le royaume; que le même jour qu'ils feraient déclarer cette grande ville en sa faveur, il se ferait proclamer roi de Portugal dans toutes les villes de ses dépendances; que ceux de ses amis qui étaient gouverneurs de places en fissent autant dans les lieux où ils commandaient; que jusques aux bourgs et aux villages dont les conjurés étaient seigneurs, on y fît soulever le peuple, afin que cette grande nouvelle, comme un embrasement général, se répandant dans tout le royaume, entraînât tous les peuples, sans que le peu d'Espagnols qui étaient restés dans le Portugal sussent où porter leurs armes. Qu'il ferait entrer son régiment dans la ville d'Elvas, dont le gouverneur était tout à lui. Que pour la manière dont ils se rendraient maîtres de Lisbonne, il ne pouvait leur prescrire rien de particulier, cela dépendant des occasions du jour où ils l'entreprendraient. Que cependant il était d'avis qu'ils tournassent leurs premiers efforts du côté du palais, afin de s'assurer de la personne de la vice-reine et de tous les Espagnols, qui pourraient servir d'otage pour faire rendre la citadelle, qui sans cela pourrait incommoder la ville, quand on en serait maître.

Il lui donna deux lettres de créance pour d'Almeïda et Mendoze, où il leur marquait que le porteur étant chargé de ses intentions, il ne leur écrivait que pour leur dire seulement qu'il souhaitait qu'ils ne manquassent ni de fidélité à leurs promesses, ni de courage et de vigueur dans l'exécution. Cela fait, le duc renvoya promptement Pinto à Lisbonne, après lui avoir donné toutes les marques de confiance qui pouvaient l'assurer de tenir toujours la même place auprès de lui, quelque heureux que fût le changement qu'il espérait dans sa fortune.

Il ne fut pas plutôt à Lisbonne, qu'il rendit les lettres à d'Almeïda et à Mendoze. Ils envoyèrent quérir aussitôt Lemos et Corée, que Pinto avait mis dans les intérêts de son maître depuis long-temps. C'étaient deux riches bourgeois, qui avaient beaucoup de crédit parmi le peuple, ayant passé par toutes les charges de la ville, et disposant d'un nombre considérable d'artisans qui étaient à leurs gages. Ils avaient pris soin l'un et l'autre de fomenter de longue main et d'entretenir l'aversion des bourgeois contre les Espagnols, par les bruits qu'ils répandaient sourdement

Lusitania liberata l. 3. c. 2.

de nouveaux impôts qu'on devait exiger au commencement de l'année. Ils avaient même congédié exprès plusieurs de leurs ouvriers , principalement les plus mutins , sous prétexte que le commerce étant ruiné , ils ne pouvaient plus les entretenir , mais en effet afin que la misère et la faim les portassent plus aisément à se soulever ; et cependant ils les assistaient de temps en temps , afin de les avoir toujours à leur dévotion. Ils avaient outre cela des intelligences secrètes avec les principaux de chaque quartier ; en sorte qu'ils assurèrent les conjurés , que pourvu qu'ils fussent avertis la veille de l'exécution, ils s'engageaient à faire soulever la plus grande partie du peuple , à telle heure qu'on voudrait.

Pinto , assuré des artisans , tourna ses soins du côté des autres conjurés;

il les exhorta tous en particulier de se tenir prêts pour l'exécution, au premier avis qu'ils en recevraient ; qu'ils s'assurassent de leurs amis, sous prétexte de quelque querelle particulière, sans leur confier l'occasion où on les voulait employer ; bien des gens pouvant fournir du courage et de la résolution, l'épée à la main, qui ne sont pas capables de soutenir de sang froid tout le poids d'un secret important.

Les ayant trouvés tous fermes, intrépides, pleins d'ardeur et d'impatience de se venger des Espagnols, il en conféra avec d'Almeïda, Mendoze, d'Almada et Mello, qui, trouvant toutes choses dans l'état qu'on le pouvait souhaiter, fixèrent le jour de l'exécution à un samedi premier décembre. On en donna avis aussitôt au duc de Bragance, afin que, de son côté,

côté, il se fît proclamer roi le même jour dans toute la province d'Alentejo, qui relevait presque toute entière de lui ; et ils convinrent, devant que de se séparer, de se trouver encore une fois ensemble, afin de prendre les dernières mesures pour l'exécution.

Le 25 novembre, ils se rendirent la nuit à l'hôtel de Bragance, comme ils en étaient convenus. Ils trouvèrent qu'ils pouvaient compter à peuprès sur cent cinquante gentilshommes, la pluplart chefs de maison, avec tous leurs domestiques, et environ deux cents bourgeois et artisans, tous gens de main, dont on était assuré, et qui, par leur crédit dans la ville, entraîneraient aisément le reste du peuple.

La mort de Vasconcellos fut résolue, comme d'une victime qui était

E

due au ressentiment de tout le Portugal. Il y en eut qui proposèrent de traiter de même l'archevêque de Brague; ils représentèrent que c'était un homme redoutable par la grandeur de son génie; qu'on ne devait pas croire qu'il regardât d'un œil indifférent le mouvement qu'ils allaient faire; qu'il pourrait remplacer le secrétaire en se mettant à la tête des Espagnols et de leurs créatures qui étaient dans la ville; que pendant qu'on serait attaché à se rendre maître du palais, il pourrait se jeter dans la citadelle, ou venir au secours de la vice-reine, à laquelle on savait bien qu'il était tout dévoué; que dans une affaire aussi importante, il ne fallait point laisser d'ennemis derrière eux qui pussent les faire repentir d'une fausse pitié, et d'une compassion qu'ils auraient eue à contre-temps.

Ces raisons firent consentir la plus grande partie de l'assemblée à sa mort ; et ce prélat courait le même risque que Vasconcellos , si dom Michel d'Almeïda * n'eût pris son parti. Il remontra aux conjurés que la mort d'un homme de ce caractère , et revêtu d'une aussi grande dignité, les rendrait odieux à tout le monde ; que c'était attirer sur le duc de Bragance la haine de tout le clèrgé et de l'inquisition , gens redoutables aux plus grands princes , et qui joindraient aux noms de rebelle et d'usurpateur, celui d'excommunié ; que le prince lui-même serait au désespoir que l'on marquât son avénement à la couronne par une action si cruelle; qu'il s'offrait de veiller sur sa conduite de si près, le jour de l'exécution , qu'il ne pourrait rien entreprendre au préjudice de l'intérêt

* Sousa de Macedo dit que ce fut d'Almada , p. 554.

public. Enfin, il parla si fortement en sa faveur, qu'il obtint de ses amis la vie de ce prélat, qui ne la purent refuser à un homme de ce mérite.

Il ne restait plus qu'à régler la marche et l'ordre de l'attaque. Ils arrêtèrent qu'ils se partageraient en quatre bandes, pour se jeter dans le palais en même temps par quatre endroits différens, afin d'occuper toutes les avenues, sans que les Espagnols pussent communiquer ensemble, ou se secourir mutuellement; que dom Michel d'Almeïda attaquerait la garde Allemande, qui était à l'entrée du palais; que le grand veneur Mello, son frère, et dom Estevan d'Acugna, à la tête des bourgeois, surprendraient une compagnie d'Espagnols qui montaient tous les jours la garde devant un endroit du château qu'on appelait le Fort; que

Teillo de Menezès, le grand chambellan Emmanuel Saa, et Pinto, se
rendraient maîtres de l'appartement
de Vasconcellos, dont ils se déferaient
sur-le-champ ; et que dom Antoine
d'Almada, Mendoze, dom Carlos
Norogna et Antoine de Salsaigne
s'assureraient de la personne de la
vice-reine, et de tous les Espagnols
qui étaient dans le palais, pour servir
comme d'otages, s'il en était besoin ;
que pendant qu'ils seraient occupés
à se rendre maîtres chacun de leurs
postes, on détacherait quelques cavaliers avec des principaux bourgeois,
pour proclamer dans la ville dom
Juan, duc de Bragance, roi de Portugal ; qu'ayant assemblé le peuple
dans les rues, ils s'en serviraient
pour se jeter du côté où il paraîtrait
encore quelque résistance. On se
sépara, dans la résolution de se

trouver, le samedi premier décembre, les uns chez dom Michel d'Almeïda, et les autres chez d'Almada et Mendoze, où les conjurés devaient s'armer.

Pendant que les amis du duc de Bragance travaillaient à Lisbonne avec tant de chaleur pour ses intérêts, et que lui-même n'oubliait rien pour s'assurer de toute sa province, le premier ministre, alarmé de ses retardemens, lui dépêcha un courrier, qui lui portait un ordre exprès de partir incessamment pour se rendre à la cour; et afin que ce prince ne pût prétexter le défaut d'argent pour faire son voyage, le courrier lui remit entre les mains, de la part du comte-duc, une ordonnance de dix mille ducats à prendre sur le trésor royal.

C'était s'expliquer en termes clairs

Caëtan, p. 28.

et intelligibles. Le duc ne pouvait différer davantage, sans se rendre suspect avec justice. Il n'avait plus aucune raison pour se dispenser d'obéir aux ordres du roi ; il devait craindre qu'un plus long retardement n'attirât enfin de Madrid des ordres fâcheux, qui auraient pu déconcerter tous ses desseins et ruiner absolument l'entreprise. Ce ne fut pas aussi la manière dont il se servit pour parer à des ordres si pressans. Il fit partir aussitôt la plus grande partie de sa maison, à laquelle il fit prendre le chemin de Madrid.

Il donna tous les ordres dans son gouvernement, à la vue du courrier, comme une personne qui est prête à faire un grand voyage. Il dépêcha dans le moment un gentilhomme à la vice-reine, pour lui donner avis de son départ. Il écrivit au premier

ministre, qu'il serait au plus **tard**
dans huit jours à la cour; et afin
d'avoir un témoin qui déposât en sa
faveur, il intéressa le courrier par
une somme d'argent qu'il lui fit
donner, sous prétexte de payer sa
course, et de reconnaître la peine
qu'il avait prise de lui apporter les
ordres du roi. Il avertit en même
temps les conjurés des nouveaux
ordres qu'il avait reçus de la cour,
leur faisant voir la nécessité qu'il y
avait d'exécuter leurs desseins le jour
dont on était convenu, de peur
d'être prévenus par les Espagnols;
mais ils étaient eux-mêmes dans un
embarras qui ne leur permettait
guère de pouvoir rien entreprendre
si promptement.

Il y avait à Lisbonne un homme
de qualité qui faisait paraître dans
toutes les occasions une haine vio-

lente contre le gouvernement des Espagnols ; il ne les appelait jamais que des tyrans et des usurpateurs. Il déclamait publiquement contre leurs injustices ; mais sur-tout il paraissait déchaîné contre le voyage de Catalogne, sur lequel il faisait mille pronostics fâcheux. D'Almada l'ayant entretenu plusieurs fois, crut qu'il n'y avait pas dans tout Lisbonne un meilleur Portugais, et qu'il serait ravi d'apprendre que l'on travaillait efficacement à la liberté de son pays. Mais quel fut son étonnement, quand, l'ayant conduit dans un lieu écarté pour lui découvrir la conjuration, cet homme, en effet aussi timide et aussi lâche qu'il était audacieux dans ses paroles, se défendit d'y avoir part, et de vouloir prendre aucun engagement avec les conjurés, sous prétexte du peu de solidité qu'il voyait dans cette affaire. Fier et intrépide tant qu'il crut la chose fort éloignée, mais timide et retenu à la vue du péril qu'il fallait partager : Où sont, dit-il à d'Almada, les forces nécessaires pour soutenir un aussi grand dessein ? Quelle armée avez-vous à opposer aux troupes Espagnoles, qui se répandront dans tout le pays au premier mouvement que vous ferez paraître ? Quels sont les grands qui sont à la tête de cette affaire ? et ont-ils eux-mêmes les fonds nécessaires pour subvenir aux frais d'une guerre civile ? Je crains bien, ajouta-t-il, qu'au lieu de travailler à nous venger des Espagnols et à la liberté du royaume, vous ne contribuiez à sa ruine, en leur donnant le prétexte qu'ils cherchent depuis si long-temps, d'achever de ruiner le Portugal.

D'Almada, qui ne s'attendait à rien
moins qu'à ces sentimens, au désespoir d'avoir si mal placé son secret,
ne lui répondit qu'en mettant l'épée
à la main ; et le pressant vivement,
les yeux pleins de colère : Il faut,
lui dit-il, que tu m'arraches la vie
avec mon secret, ou que je te punisse
de l'avoir surpris par tes discours
pleins d'impostures. Mais l'autre,
dont la prudence allait toujours à
éloigner le péril le plus présent, consentit, à la vue d'une épée nue, à
tout ce que d'Almada voulut. Il offrit
d'entrer dans la conjuration, il trouva
même des raisons pour détruire les
premières qu'il avait avancées. Il fit
plusieurs sermens de garder inviolablement le secret. Enfin il n'oublia
rien pour persuader à d'Almada que
ce n'était ni faute de courage, ni
manque de ressentiment contre les

Espagnols, s'il n'avait pas goûté d'abord les propositions qu'il lui avait faites.

Ses promesses et ses sermens ne rassurèrent pas si fort d'Almada, qu'il ne lui restât beaucoup d'inquiétude de cette aventure. Sans perdre son homme de vue, il avertit les principaux conjurés de l'accident qui lui était arrivé. L'alarme se répandit aussitôt parmi eux. On fit plusieurs réflexions sur la légèreté et l'inconstance de cet homme; on craignit que la vue du péril qu'il faudrait partager, ou l'espérance d'une grosse récompense, ne le rendissent infidèle, malgré toutes leurs précautions. La-dessus ils résolurent de différer l'exécution de leurs desseins, et ils forcèrent Pinto d'écrire à son maître de remettre, de son côté, à faire éclater l'entreprise, jusqu'à ce qu'il eût reçu

de leurs nouvelles. Mais Pinto, qui
connaissait bien de quelle importance
il est, dans de pareilles affaires, de
différer d'un seul jour, écrivit secrètement au prince de n'avoir aucun égard à sa lettre ; que ce n'était
qu'une terreur panique des conjurés,
dont ils seraient revenus devant que
le courrier fût arrivé à Villaviciosa.

En effet, voyant le lendemain que
personne ne branlait, ils eurent honte
d'avoir pris l'alarme si chaudement;
et celui qui leur avait causé cette inquiétude, leur ayant donné de nouvelles assurances de la fidélité qu'il
leur avait promise, soit qu'il eût pris
des sentimens plus généreux, ou par
la crainte de s'embarquer mal à propos
dans l'accusation de tant de gens de
qualité, ils remirent l'exécution au
jour déterminé. Mais à peine étaient-
ils sortis de cet embarras, qu'ils re-

tombèrent dans un autre, qui ne leur causa pas moins d'inquiétude.

Pinto avait pris la précaution de tenir toujours plusieurs des conjurés répandus dans le palais pour découvrir ce qui se passait. Ils affectaient de se promener indifféremment comme des courtisans oisifs, lorsque la veille de l'exécution, qui devait commencer par la mort de Vasconcellos, ils aperçurent ce ministre qui s'embarquait sur le Tage. D'autres que des conjurés n'y auraient seulement pas fait d'attention, parce qu'il était aisé de voir qu'il pouvait passer de l'autre côté du fleuve pour plusieurs raisons où ils n'avaient point de part. Cependant l'alarme se répandit aussitôt parmi eux ; ils se persuadèrent que cet homme fin et habile, qui avait des espions de tous côtés, avait découvert quelque chose de la conjuration. On ne douta point qu'il ne fût passé de l'autre côté du fleuve, pour faire entrer dans la ville quel-ques troupes qui étaient répandues dans les villages voisins. Aussitôt l'image des supplices, avec toutes les horreurs de la mort, se présenta à l'esprit de plusieurs; la peur leur faisait voir leurs maisons environnées d'officiers de justice pour les arrêter; déjà quelques-uns songeaient à se sauver en Afrique ou en Angleterre, pour se dérober à la cruauté des Espagnols. Enfin, ils passèrent une partie de la nuit dans ces agitations, et, pour ainsi dire, entre la vie et la mort, lorsque ceux des conjurés qui étaient restés sur le port pour observer ce qui se passerait, vinrent leur apprendre que le secrétaire était rentré au bruit des hautbois, n'étant sorti que pour une fête où il était convïé. La joie succéda parmi les conjurés à leurs inquiétudes, et ils se retirèrent, après s'être assurés que rien ne branlait dans le palais; que tout le monde dormait dans une profonde tranquillité, et qu'on n'y songeait à rien moins qu'à ce qui s'y devait passer le lendemain.

Il était fort tard quand ils se séparèrent, et de là au moment de l'exécution, il ne restait que quelques heures de la nuit : dans ce peu de temps il arriva encore un accident aux conjurés, avant que la conjuration eût pu éclater; tant il est vrai que de pareilles entreprises sont toujours très-incertaines, et souvent fort périlleuses, sur-tout quand la crainte des supplices ou l'espérance des récompenses peut faire des traîtres et des infidèles. Georges Mello, frère du grand veneur, logeait ordi-

nairement chez un de ses parens,
qui demeurait dans un faubourg
éloigné de la ville. Ce seigneur crut
que, comme il touchait au moment
où la conjuration allait éclater, son
parent, qui était son ami depuis
quelque temps, aurait lieu de se
plaindre qu'il lui eût caché une affaire
de cette importance, et où le bien
commun de la patrie l'intéressait
comme lui; qu'il l'engagerait aisément dans la conspiration, et qu'il
le menerait avec lui au rendez-vous
des conjurés. Dans cette vue, il
monta à sa chambre au retour de
l'assemblée, et le tirant dans son
cabinet, il lui fit part de toute l'entreprise, l'exhortant à se joindre à
tant d'honnêtes gens, et de s'y porter
comme un homme de sa qualité devait faire, et en véritable Portugais.
L'autre, surpris d'une si étrange

nouvelle, ne laissa pas d'affecter quelque démonstration de joie, de voir son pays prêt à recouvrer sa liberté. Il remercia Mello de la confiance dont il l'honorait, et l'assura qu'il se tiendrait heureux d'exposer sa vie, et de partager le péril avec tant de gens de bien, pour un dessein si juste et si glorieux.

Sur cela ils se séparèrent pour se reposer quelques heures, avant que de partir pour le rendez-vous. A peine Mello fut-il dans sa chambre, qu'il se repentit de l'excès de sa confiance. Il se reprocha d'avoir mis inconsidérément la destinée de tant de gens de mérite entre les mains d'un homme dont il n'était pas assez assuré; il lui sembla même qu'il avait démêlé dans ses yeux et dans toute sa contenance une inquiétude secrète, et des marques de surprise et de frayeur à la vue d'une entreprise si périlleuse. Enfin il craignit que la peur des supplices, ou l'espérance d'une récompense assurée, ne le déterminât à révéler son secret.

Plein de ces réflexions qui agitaient son esprit, il se promenait à grands pas dans sa chambre, lorsqu'un bruit confus de gens qui parlaient assez bas et comme en secret, ayant attiré son attention, il ouvrit la fenêtre pour mieux entendre ce qui se disait. A la faveur d'une lumière assez sombre, il aperçut son parent, à la porte de la maison, prêt à monter à cheval. Aussitôt la colère et la fureur s'emparant de son âme, il descendit brusquement de sa chambre, et courant à lui l'épée à la main, il lui demanda fièrement quelle affaire extraordinaire le faisait sortir de sa maison au milieu de la nuit, quel dessein il avait, et où il voulait aller. L'autre, extrêmement surpris, cherchait de mauvaises raisons pour justifier sa sortie. Mais Mello, menaçant de le tuer, le contraignit de remonter dans sa chambre; et s'étant fait apporter les clefs de la maison, il le garda à vue jusqu'à ce que, l'heure de l'exécution étant arrivée, il le détermina de venir avec lui se joindre aux autres conjurés.

Samedi 1.er décembre 1640.

Enfin le jour parut où le succès allait décider si le duc de Bragance méritait le titre de roi et de libérateur de la patrie, ou le nom de rebelle et d'ennemi de l'état.

Les conjurés se rendirent de grand matin chez dom Michel d'Alméïda et chez les autres seigneurs, où ils devaient s'armer. Ils y parurent tous avec tant de résolution et de confiance, qu'ils semblaient aller à une

victoire certaine. Ce qui est remar-
quable , c’est que dans un si grand
nombre , composé de prêtres , de
bourgeois et de gentilshommes , qui
étaient la plupart animés par des intérêts différens , il n’y en eut pas un
qui manquât à sa parole et à la fidélité qu’il avait promise. Chacun pres-
sait le moment de l’exécution , comme
s’il avait été le chef et l’auteur de
l’entreprise , et que la couronne dût
être la récompense des périls où il
s’exposait. Plusieurs femmes même
voulurent avoir part à la gloire de
cette journée. L’histoire conserve la
mémoire de Dona Philippe de Vil-
lènes , qui arma de ses propres mains
ses deux fils ; et après leur avoir
donné leurs cuirasses : « Allez , mes
» enfans , leur dit-elle , éteindre la
» tyrannie , et nous venger de nos
» ennemis , et soyez sûrs que si le

Caët.
Passar.
l. 1. p
26.

» succès ne répond pas à nos espé-
» rances, votre mère ne survivra
» pas un moment au malheur de tant
» de gens de bien. »

Tout le monde étant armé, ils se rendirent au palais par différens chemins, et la plupart en litières, afin de mieux cacher leur nombre et les armes qu'ils portaient. Ils se partagèrent en quatre bandes, comme on en était convenu, attendant avec bien de l'impatience que huit heures sonnassent, qui était le moment marqué pour l'exécution. Jamais le temps ne leur avait paru si long. La crainte qu'on ne s'aperçût de leur grand nombre, et que l'heure extraordinaire où ils paraissaient au palais ne fît soupçonner au secrétaire quélque chose de leur dessein, leur causait de cruelles inquiétudes. Enfin huit heures sonnèrent, et Pinto ayant aussitôt tiré un coup de pistolet pour signal, comme on en était convenu, ils se virent en liberté d'agir.

Ils se poussèrent en même temps brusquement, chacun du côté qui lui était assigné. Dom Michel d'Almeïda tomba avec sa bande sur la garde Allemande, qui, prise au dépourvu, la plupart sans armes, fut bientôt défaite, sans avoir rendu presque le combat.

Le grand veneur Mello, son frère, et dom Estevan d'Acugna chargèrent la compagnie Espagnole qui était en garde devant un endroit du palais qu'on appelait le Fort. Ils étaient suivis de la plupart des bourgeois qui avaient part à l'entreprise. Ils se jetèrent avec beaucoup de courage, l'épée à la main, dans le corps de garde où les Espagnols s'étaient re-

tranchés. Mais personne ne s'y distingua davantage qu'un prêtre du
bourg d'Agembuza. Il marchait à la
tête des conjurés, tenant un crucifix
d'une main, et une épée de l'autre;
il animait le peuple, avec une voix
terrible, à mettre en pièces leurs ennemis; au milieu de ses plus vives
exhortations, il chargeait lui-même
les Espagnols. Tout fuyait devant
lui; car paraissant armé d'un objet
que la religion nous apprend à ré-
vérer, personne n'osait l'attaquer
ni se défendre; en sorte qu'après
quelque résistance, l'officier Espagnol, avec ses soldats, fut obligé
de se rendre, et pour sauver sa vie,
de crier comme les autres: Vive le
duc de Bragance, roi de Portugal!

Pinto s'étant ouvert le chemin du
palais, se mit à la tête de ceux qui
devaient attaquer l'appartement de
Vasconcellos.

Vasconcellos. Il marchait avec tant de confiance et de résolution, que rencontrant un de ses amis qui lui demanda en tremblant où il allait avec ce grand nombre de gens armés, et ce qu'il voulait faire : « Rien autre » chose, lui dit-il en souriant, que » de changer de maître, et vous » défaire d'un tyran pour vous don- » ner un roi légitime. »

En entrant dans l'appartement du secrétaire, ils trouvèrent au bas de l'escalier Francisco Soarez d'Alber- garia, lieutenant civil *, qui ne fai- sait que sortir de chez lui. Ce magis- trat, croyant d'abord que ce tumulte ne fût qu'une querelle particulière, voulut interposer son autorité pour les faire retirer. Mais entendant crier de tous côtés, Vive le duc de Bra- gance ! il crut que son honneur et le devoir de sa charge l'obligeaient

* Corre- gidor de civil.

F

de crier, Vive le roi d'Espagne et de Portugal ! ce qui lui coûta la vie. Un des conjurés lui tira un coup de pistolet , et se fit un mérite de le punir d'une infidélité qui commençait à devenir criminelle.

Antoine Correa , premier commis du secrétaire , accourut au bruit. Comme il était le ministre ordinaire de ses cruautés , et que semblable à son maître, il traitait la noblesse avec beaucoup de mépris , dom Antoine de Menezès lui enfonça son poignard dans le sein ; mais ce coup ne suffit pas pour faire sentir à ce malheureux que son autorité était finie ; car ne pouvant comprendre qu'on osât s'attaquer à lui, et croyant qu'on l'avait pris pour un autre, il se tourna fièrement vers Menezès , et le regardant avec des yeux pleins de vengeance et de ressentiment : « Quoi ! tu oses

» me frapper ? » lui dit-il. A quoi
l'autre ne répondit que par trois ou
quatre coups redoublés qui le jetèrent
sur le carreau. Cependant ses blessu-
res ne s'étant pas trouvées mortelles,
il en réchappa, pour perdre la vie ^{Sousa,}
quelque temps après d'une manière ^{l.3. c.2.}
plus honteuse, par la main du bour-
reau.

Les conjurés s'étant ainsi défaits
de ce commis qui les avait arrêtés
sur l'escalier, se pressèrent d'entrer
dans la chambre du secrétaire. Il
était alors avec Diego Garcez Palleia,
capitaine d'infanterie, qui, voyant
tant de monde armé et plein de fureur,
se douta bien qu'on en voulait à la
vie de Vasconcellos. Quoiqu'il n'eût
aucune obligation à ce ministre, la
seule générosité le fit jeter l'épée à
la main hors de la porte pour en
défendre l'entrée aux conjurés, et

lui donner le temps de se sauver ;
mais ayant été blessé au bras , et ne
pouvant plus tenir son épée , accablé
de la multitude , il se jeta par une
fenêtre , et fut assez heureux pour
ne se pas tuer.

Aussitôt les conjurés entrèrent en
foule dans la chambre du secrétaire ;
on le cherche partout , on renverse
lits , tables ; on enfonce les coffres
pour le trouver : chacun voulait avoir
l'honneur de lui donner le premier
coup.

Cependant il ne paraissait point ,
et les conjurés étaient au désespoir
qu'il échappât à leur vengeance,
lorsqu'une vieille servante , menacée
de la mort , fit signe qu'il était caché
dans une armoire ménagée dans l'é-
paisseur de la muraille , où il fut
trouvé couvert de papiers.

La frayeur où le jeta la vue d'une

Sousa,
l.3. c.3.
p. 565.

mort qu'il voyait présente de tous côtés, l'empêcha de dire un seul mot. Dom Rodrigo de Saa, grand chambellan, lui donna le premier un coup de pistolet; ensuite percé de plusieurs coups d'épées, les conjurés le jetèrent par la fenêtre, en criant : « Le tyran est mort, vive la liberté, » et dom Juan, roi de Portugal ! »

Le peuple, qui était accouru au palais, poussa mille cris de joie en le voyant précipiter, et répondit par de grandes acclamations aux conjurés, ensuite il se jeta avec fureur sur le corps de ce malheureux ; chacun en le frappant crut venger l'injure publique, et donner les derniers coups à la tyrannie.

Telle fut la fin de Michel Vasconcellos, Portugais de naissance, mais ennemi juré de son pays, et tout Espagnol d'inclination. Il était né

avec un génie admirable pour les affaires, habile, appliqué à son emploi,
d'un travail inconcevable, et fécond
à inventer de nouvelles manières de
tirer de l'argent du peuple ; et par
conséquent impitoyable, inflexible
et dur jusques à la cruauté ; sans
parens, sans amis, sans égards. Personne n'avait de pouvoir sur son
esprit ; insensible même aux plaisirs,
et incapable d'être touché par les re-
mords de sa conscience, il avait
amassé dans l'exercice de sa charge
des biens immenses, dont une partie
fut pillée dans la chaleur de la sédition. Le peuple se fit justice lui-
même, et se paya par ses mains des
torts qu'il prétendait avoir reçus du-
rant son ministère.

Pinto, sans perdre de temps,
marcha pour se joindre aux autres
conjurés, qui devaient se rendre

maîtres du palais et de la personne de la vice-reine. Il trouva que c'en était déjà fait, et qu'ils avaient eu un pareil succès partout. En effet, ceux qui étaient destinés pour attaquer l'appartement de cette princesse s'étant présentés à la porte, et le peuple furieux menaçant d'y mettre le feu, si elle ne faisait ouvrir promptement, la vice-reine, accompagnée de ses filles d'honneur et de l'archevêque de Brague, se présenta à l'entrée de sa chambre, se flattant que sa présence apaiserait la noblesse, et ferait retenir le peuple. « J'avoue, Mes-
» sieurs, leur dit-elle, en s'avan-
» çant vers les principaux des con-
» jurés, que le secrétaire s'est attiré
» justement la haine du peuple et
» votre indignation, par la dureté
» et l'insolence de sa conduite ; sa
» mort vient de vous délivrer d'un

» ministre odieux. Votre ressenti-
» ment ne doit-il pas être satisfait ?
» Songez que ces mouvemens peu-
» vent encore se donner à la haine
» publique contre le secrétaire ; mais
» si vous persévérez plus long-temps
» dans ce tumulte, vous ne pourrez
» vous disculper du crime de ré-
» bellion, et vous me mettrez moi-
» même hors d'état de pouvoir vous
» excuser auprès du roi. »

Dom Antoine de Menezès lui répondit que tant de gens de qualité
n'avaient pas pris les armes seulement
pour ôter la vie à un misérable qui
la devait perdre par la main du bour-
reau ; qu'ils étaient assemblés pour
rendre au duc de Bragance une couronne qui lui appartenait légitime-
ment, qu'on avait usurpée sur sa
maison, et qu'ils sacrifieraient tous
leur vie avec plaisir pour le remet-

tre sur le trône. Elle voulait lui répondre et interposer l'autorité du roi ; mais d'Almeïda craignant qu'un plus long discours ne ralentît l'ardeur des conjurés, l'interrompit brusquement, lui disant que le Portugal ne reconnaissait plus d'autre roi que le duc de Bragance. Et en même temps tous les conjurés crièrent à l'envi : Vive dom Juan, roi de Portugal !

La vice-reine voyant qu'ils ne gardaient plus de mesures, crut trouver plus d'obéissance dans la ville, et que sa présence imposerait davantage au peuple et aux bourgeois, quand ils ne seraient plus soutenus des conjurés ; mais comme elle voulait descendre, dom Carlos Norogna la supplia de se retirer dans son appartement, l'assurant qu'elle y serait servie avec autant de respect que si elle commandait encore dans le royaume ; et qu'il n'était pas à propos d'exposer une grande princesse aux insultes du peuple encore en mouvement, et plein de chaleur pour sa liberté. Elle comprit aisément par ces paroles, qu'elle était prisonnière. Outrée de dépit, elle demanda avec hauteur : « Eh ! que me peut faire » le peuple ? » A quoi Norogna lui répondit avec beaucoup d'emportement : « Rien autre chose, Madame, » que de jeter votre altesse par les » fenêtres. »

L'archevêque de Brague ne put entendre Norogna sans frémir de colère. Il arracha l'épée à un soldat qui se trouva auprès de lui ; et plein de fureur, voulant se jeter au travers des conjurés pour venger la vice-reine, il allait se faire tuer, lorsque dom Michel d'Almeïda l'embrassant, le conjura de songer au péril où il s'exposait ; et le tirant par force à l'écart , il lui dit que sa vie ne tenait à rien , et qu'il avait eu bien de la peine à l'obtenir des conjurés , à qui sa personne était assez odieuse, sans qu'il les aigrît davantage par une bravoure inutile et peu convenable à un homme de son caractère. Il fut donc obligé de se retirer , et même de dissimuler toute sa colère , dans l'espérance que le temps lui fournirait une occasion favorable pour faire éclater sa vengeance contre Norogna , et son attachement pour les intérêts de l'Espagne.

Le reste des conjurés s'assura des Espagnols qui étaient dans le palais ou dans la ville. Ils arrêtèrent le marquis de Puëbla , majordome de la vice-reine , et frère aîné du marquis de Leganez ; dom Didace Gardenas, mestre de camp général ; dom Fernand de Castro, intendant de marine; le marquis de Bainetto, italien, grand écuyer de la vice-reine, et quelques officiers de marine qui étaient dans le port. Cela se passa avec autant de tranquillité, que s'ils avaient été arrêtés par un ordre du roi d'Espagne. Personne ne branla pour les secourir; et eux-mêmes n'étaient guère en état de se défendre, ayant été arrêtés la plupart dans le lit.

Ensuite Antoine de Saldaigne, à la tête de ses amis, et d'une foule de peuple dont il était suivi, monta à la chambre souveraine de *relation*. Il exposa à la compagnie le bonheur du Portugal, qui avait recouvré son roi légitime; que la tyrannie venait d'être détruite, et que les lois si long-temps méprisées, allaient reprendre leur ancienne vigueur sous un prince si sage et si juste. Son discours fut reçu avec un applaudissement général ; on n'y répondait que par de vives acclamations en faveur du nouveau prince. Et Gonzalez de Sousa de Macedo, premier président de cette cour souveraine, et père de l'historien que nous avons consulté, prononça aussitôt ses arrêts au nom de dom Juan, roi de Portugal.

Pendant qu'Antoine de Saldaigne disposait la chambre de *relation* à reconnaître le duc de Bragance pour roi, dom Gaston Coutigno tirait des prisons tous ceux que la dureté des ministres d'Espagne y tenait enfermés. Ces pauvres gens passant tout d'un coup d'un affreux cachot, et de la crainte continuelle d'une mort prochaine, au plaisir de trouver leur liberté dans celle de leur pays, tou-

chés de sentimens de reconnaissance,
et agités de la peur qu'ils avaient de
retomber dans leurs chaînes, com-
posèrent comme une nouvelle compagnie de conjurés, qui n'eut pas
moins d'ardeur pour affermir le trône
du duc de Bragance, que le corps de
noblesse qui en avait formé le premier dessein.

Au milieu de la joie que causait
aux conjurés le succès favorable de
l'entreprise, Pinto avec les principaux n'étaient pas sans inquiétude.

Les Espagnols étaient encore dans
la citadelle, d'où ils pouvaient fou-
droyer la ville, et faire repentir le
peuple d'une joie inconsidérée. C'é-
tait d'ailleurs une porte assurée au
roi d'Espagne pour rentrer dans la
ville, et y rétablir son autorité. Ainsi,
croyant n'avoir rien fait, tant qu'ils
ne seraient pas maîtres de cette place,

ils allèrent trouver la vice-reine , à laquelle ils demandèrent un ordre pour le gouverneur , afin qu'il la remît entre leurs mains.

Elle rejeta bien loin cette proposition ; et leur reprochant leur rébellion , elle leur demanda avec indignation s'ils voulaient aussi la rendre complice. D'Almada , irrité de son refus , plein de feu , et la colère dans les yeux , jura que si elle ne signait promptement l'ordre qu'on lui demandait , il allait sur-le-champ poignarder tous les Espagnols qui étaient arrêtés. La princesse , effrayée de l'emportement de cet homme , et craignant pour la vie de tant de gens de qualité , crut que le gouverneur savait trop bien son devoir, pour déférer à un ordre qu'il devinerait aisément avoir été extorqué par violence ; ainsi elle signa cet ordre ; mais il eut un autre effet qu'elle ne pensait. Le gouverneur Espagnol, dom Louis del Campo, homme de peu de résolution, voyant à la porte de la citadelle tous les conjurés en armes, suivis d'une foule de peuple, qui menaçait de le mettre en pièces avec toute sa garnison, s'il ne se rendait à l'instant, se trouva fort heureux de sortir à si bon marché, et avec un titre apparent qui couvrait sa lâcheté. Il rendit la citadelle. Les conjurés, assurés de tous côtés, dépêchèrent aussitôt Mendoze et le grand veneur au duc de Bragance, pour lui porter ces heureuses nouvelles, et l'assurer de la part de toute la ville qu'il ne manquait plus au bonheur du peuple que la présence de son roi.

Ce n'est pas que sa présence fût également souhaitée de tout le monde ;

les grands du royaume ne voyaient son élévation qu'avec une secrète jalousie ; et ceux de la noblesse qui n'avaient point eu part à la conjuration , observaient un silence qui marquait leur incertitude. Il y en avait même qui s'avançaient jusqu'à dire qu'il n'était pas sûr que ce prince voulût avouer une action aussi hardie , et qui aurait infailliblement des suites terribles. Les créatures des Espagnols sur-tout étaient dans une consternation étrange; ils n'osaient paraître , de peur de s'attirer le peuple encore tout furieux de sa nouvelle liberté. Chacun se tenait renfermé chez soi , en attendant que le temps lui apprît ce qu'il devait craindre ou espérer des desseins du duc de Bragance.

Mais ses amis , qui étaient bien instruits de ses intentions, marchaient

toujours leur chemin. Ils s'assemblè-
rent au palais, pour donner quelques
ordres, en attendant l'arrivée du roi.
Ils déclarèrent unanimement l'archevêque de Lisbonne, président du
conseil, et lieutenant général pour
le roi. Il s'en défendit d'abord, re-
montrant que l'état présent de la ville
et de tout le royaume demandait
plutôt un général qu'un homme de
son caractère. Enfin, faisant semblant
de se rendre aux prières de ses amis,
il convint de se charger de signer les
ordres, pourvu qu'on lui donnât
l'archevêque de Brague pour collègue
dans l'expédition des affaires et des
dépêches qu'il fallait faire avant l'arrivée du roi.

Par là, ce prélat, fin et habile,
espérait, sous prétexte de partager
avec lui l'autorité, le rendre complice, et par conséquent criminel

envers les Espagnols, s'il acceptait
la qualité de gouverneur, de laquelle,
après tout, il ne lui aurait jamais
laissé que le titre ; ou, s'il la refusait,
le perdre auprès du prince, et le
rendre odieux à ses peuples même,
et à tout le Portugal, comme un
ennemi déclaré de tout le royaume.

L'archevêque de Brague sentit
bien le piége qu'on lui tendait ; mais
comme il était tout dévoué au parti
des Espagnols, par l'attachement
qu'il avait pour la vice-reine, il re-
fusa hautement de prendre aucune
part au gouvernement. Ainsi l'archevêque de Lisbonne s'en trouva
chargé seul ; et on lui donna pour
conseillers d'état dom Michel d'Almeïda, Pierre Mendoze, et dom
Antoine d'Almada.

Un des premiers soins du gouverneur, fut de se rendre maître de trois

grands galions Espagnols qui étaient dans le port de Lisbonne. On arma quelques barques, où toute la jeunesse de la ville se jeta, dans l'impatience de se signaler; mais on trouva ces vaisseaux sans résistance, les officiers et la plupart des soldats ayant été arrêtés dans la ville, dans le temps que la conjuration éclata.

Il dépêcha le soir du même jour des courriers dans toutes les provinces, pour inviter les peuples à rendre grâces à Dieu de ce qu'ils avaient recouvré leur liberté, avec ordre à tous les magistrats des villes de faire proclamer le duc de Bragance, roi de Portugal, et de s'assurer de tous les Espagnols qu'on pourrait trouver. Ensuite il fit préparer toutes choses dans Lisbonne pour recevoir magnifiquement le nouveau prince qu'on attendait à tous momens. L'archevêque fit entendre à la vice-reine qu'il était à propos qu'elle se retirât du palais pour faire place au roi et à toute sa maison. Il lui fit préparer un appartement dans la maison royale de Xabregas, qui était dans une extrémité de la ville. La princesse sortit du palais aussitôt qu'elle eut appris les intentions de l'archevêque; mais, d'un air fier et sans dire un seul mot, elle traversa toute la ville pour s'y rendre. Ce n'était plus cette foule de courtisans qui l'accompagnaient ordinairement; à peine avait-elle quelques domestiques; et le seul archevêque de Brague, toujours constant dans son attachement, lui en donna des marques publiques dans un temps qu'elles n'étaient pas sans danger pour sa vie.

Cependant le duc de Bragance souffrait de cruelles agitations, dans l'incertitude de sa destinée ; tout ce que l'espérance la plus flatteuse a d'agréable, et tout ce que la crainte la plus cruelle a de terrible, lui passait tour à tour dans l'esprit. L'éloignement de Villaviciosa, qui est à trente lieues de Lisbonne, l'empêchait d'en apprendre des nouvelles aussitôt qu'il l'eût bien souhaité. Tout ce qu'il savait, c'est que dans ce moment on y décidait de sa vie et de sa fortune. Il avait résolu d'abord, comme nous avons dit, de faire soulever le même jour toutes les villes de ses dépendances ; mais il trouva plus à propos d'attendre des nouvelles de Lisbonne, afin de prendre son parti, conformément à ce qui se serait passé dans cette ville. Il lui restait le royaume des Algarves, et la ville et la citadelle d'Elvas où il pouvait se retirer, si le succès n'était

pas favorable dans la capitale ; et il
crut même pouvoir encore se défendre d'avoir eu part à la conjuration ,
dans un temps sur-tout où les Espagnols consentiraient aisément qu'il
voulût bien être innocent.

Il avait envoyé plusieurs courriers
sur la route de Lisbonne ; et quoiqu'il attendît des nouvelles à toutes
les heures, il avait déjà passé toute
la journée et une partie de la nuit
dans ses agitations , lorsqu'enfin
Mendoze et Mello, ayant fait une
extrême diligence, arrivèrent à Villaviciosa. Ils se jetèrent d'abord aux
pieds du prince ; et par cette action
respectueuse, et la joie qui brillait
sur leur visage, ils lui apprirent
encore mieux que par leurs paroles,
qu'il était roi de Portugal.

Ils voulaient lui rendre un compte
exact du succès de l'entreprise ; mais

le prince, sans leur donner le temps d'entrer dans le détail de cette affaire, les conduisit lui même avec empressement dans l'appartement de la duchesse. Ces deux seigneurs la saluèrent avec le même respect que si elle eût été déjà sur le trône; ils l'assurèrent de tous les vœux de ses sujets; et pour lui marquer qu'ils la reconnaissaient pour leur souveraine, ils la traitèrent toujours de majesté; ce qui lui devait être d'autant plus agréable, que l'on ne se servait auparavant que du mot d'altesse pour les rois de Portugal.

On peut juger de la joie du prince et de cette princesse, par les cruelles inquiétudes dont ils sortaient, et par la grandeur de la fortune où ils se trouvaient heureusement élevés. Tout le château retentit alors de cris de joie; la nouvelle se répandit en

un moment aux environs. Le même
jour il fut proclamé roi de Portugal
dans toutes les villes de ses dépendances. Alphonse de Mello en fit
faire autant dans la ville d'Elvas.
Chacun accourut en foule rendre ses
devoirs au nouveau roi ; et peut-être
que ces premiers hommages, quoique rendus confusément, ne touchè-
rent pas moins l'âme de ce prince,
que ceux qu'il reçut quelque temps
après dans un jour de cérémonie.

L'archevêque-régent dépêchait
courriers sur courriers au duc de
Bragance, pour lui représenter de
quelle importance était sa présence
à Lisbonne. Son dernier courrier le
trouva le lundi à moitié chemin dans
la plaine de Montemor, où pour couvrir sa marche, ce prince timide
feignait de chasser à l'oiseau ; mais il
n'eut pas plutôt ouvert le paquet du

G

régent, qu'il prit la poste pour se rendre à Aldegalègue, dont il était éloigné de dix lieues; et y ayant trouvé une barque avec deux pêcheurs, il se jeta dedans, et se fit conduire à Lisbonne, en traversant le Tage, qui en cet endroit a trois lieues de largeur. D'Ablancour, envoyé du feu roi en Portugal, rapporte dans ses mémoires que ce prince aborda à la place du palais, qui est un carré long, fort spacieux, fermé de trois côtés du palais de l'Alfardègue et de quelques maisons particulières, et de l'autre du Tage, qui n'en est séparé que par un mur d'appui fait en forme de terrasse; que cette grande place était remplie d'une infinité de personnes de toutes conditions, qui attendaient depuis deux jours leur prince, les yeux toujours tournés vers Aldegalègue; mais que

pas un, dit cet écrivain, ne conjec-
turait, en voyant aborder cette barque de pêcheurs, qu'elle portait le
roi; qu'il ne fut point connu d'abord
de tout ce peuple qui occupait la
place; qu'il passa au travers de la
foule comme un particulier, et que
ce ne fut qu'après être monté sur
une espèce d'échafaud où on avait
placé son trône, qu'il fut salué et
proclamé roi avec une joie infinie de
tous les Portugais.

Le soir il y eut des feux d'artifice
disposés dans toutes les places publiques. Les bourgeois en particulier en
avaient fait chacun devant leurs maisons; toutes les fenêtres brillèrent
pendant toute la nuit d'un nombre
infini de flambeaux et de bougies; il
semblait que toute la ville fût en feu;
ce qui fit dire à un Espagnol que ce
prince était bien heureux qu'un si

beau royaume ne lui coûtât qu'un feu de joie.

En effet, un soulèvement général de tout le royaume suivit incontinent celui de Lisbonne. Il semblait qu'à l'exemple de cette capitale, chaque ville eût une conspiration toute prête à faire éclater, tant cette révolution fut prompte et générale. Il arrivait tous les jours des courriers au roi, pour lui apprendre que les villes et les provinces entières avaient chassé les Espagnols pour se mettre sous son obéissance. Les gouverneurs des places ne furent pas plus fermes que celui de la citadelle de Lisbonne ; et soit qu'ils n'eussent pas assez de troupes pour contenir le peuple, ou qu'ils manquassent de courage ou de munitions, ils sortirent honteuse-ment, la plupart sans se faire tirer un coup de mousquet. Chacun d'eux

craignait pour soi le même traitement
que celui de Vasconcellos ; rien ne
leur paraissait si terrible que le peuple en fureur. Ainsi on peut dire
qu'ils s'enfuirent du Portugal avec la
même précipitation que des criminels
qui échappent de leurs prisons, sans
qu'il restât dans tout le royaume un
seul Espagnol qui ne fût arrêté, et
tout cela en moins de quinze jours.

Il n'y eut que dom Fernand de la
Cueva, gouverneur de la citadelle
de Saint-Joam, à l'embouchure du
Tage, qui parut vouloir tenir contre
la révolution générale, et conserver
la place au roi son maître. Sa garnison n'était composée que d'Espagnols, commandés par de braves
officiers, qui firent une vigoureuse
résistance aux premières approches
des Portugais. Il fallut se résoudre à
l'assiéger dans les formes. On fit

venir du canon de Lisbonne ; la tranchée fut ouverte, et poussée jusqu'à
la contrescarpe, nonobstant le feu
continuel et les sorties fréquentes que
faisaient les assiégés. Mais comme la
voie de la négociation est toujours
la plus sûre, et souvent la plus courte,
le roi fit faire des propositions si
avantageuses au gouverneur, qu'il
n'eut pas la force d'y résister. Il fut
ébloui des sommes considérables
qu'on lui offrit, jointes à une com-
manderie de l'ordre de Christ dont
ce prince l'assura. Il fit son traité,
et rendit la citadelle, sous prétexte
qu'il n'avait pas de troupes suffisantes
pour la défendre, malgré cependant
les principaux officiers de la garnison,
qui refusèrent de signer la capitu-
lation.

Le roi jugea à propos de ne différer
pas davantage à se faire couronner,

afin de consacrer sa royauté, et
rendre sa personne plus auguste à ses
peuples. La cérémonie s'en fit le 15
décembre avec toute la magnificence
possible. Le duc d'Aveïro, le marquis
de Villareal, le duc de Camine son fils,
le comte de Monsano, et tous les
autres grands du royaume s'y trouvèrent. L'archevêque de Lisbonne,
à la tête de son clergé, et accompagné de plusieurs évêques, le reçut
à la porte de la cathédrale; et il fut
reconnu solennellement pour roi de
Portugal par tous les états du royaume, qui lui prêtèrent le serment de
fidélité.

Peu de jours après, la reine arriva
à Lisbonne avec une suite nombreuse.
Toute la cour sortit bien loin au-
devant d'elle; les officiers qui étaient
nommés pour composer sa maison,
s'étaient déjà rendus auprès d'elle;

le roi même sortit de Lisbonne pour la recevoir. Ce prince n'oublia rien de toutes les magnificences qui étaient convenables à sa nouvelle dignité, et qui pouvaient lui faire croire qu'il était persuadé qu'elle n'avait pas peu contribué à lui mettre la couronne sur la tête. On remarqua que dans ce changement de fortune le personnage de reine ne lui coûta rien, et qu'elle soutint sa nouvelle dignité avec tant de grâce et de majesté, qu'elle semblait être née sur le trône.

Tel fut le succès de cette entreprise, qu'on peut dire qui fut un miracle du secret, soit que l'on considère le grand nombre, ou les diverses qualités des personnes à qui il fut confié. Mais ce fut une suite naturelle des sentimens d'aversion que chacun d'eux avait conçus depuis long-temps contre le gouvernement

Espagnol; sentimens que les guerres fréquentes que ces peuples, comme voisins, ont toujours eues entr'eux, firent naître dès le commencement de cette monarchie; que la concurrence dans la découverte des Indes, et de fréquens démêlés dans le commerce, avaient fort augmentés, et qui étaient dégénérés en une haine violente, depuis que les Portugais avaient été soumis à la domination de la Castille.

Cette nouvelle fut bientôt portée à la cour d'Espagne. Le ministre en fut sensiblement touché, il fut au désespoir de s'être laissé prévenir. Le roi son maître n'avait pas besoin de nouvelles affaires; il était assez embarrassé à se défendre contre les armes de la France et de la Hollande; et sur-tout la révolte de la Catalogne était d'un dangereux exemple, et lui causait de violentes inquiétudes.

Toute la cour savait la nouvelle ; le roi était le seul qui l'ignorât ; personne n'osait se hasarder de lui en parler, par la crainte du ministre, qui n'aurait pas pardonné aisément à ceux qui se seraient chargés de ce soin. Enfin cette affaire faisant trop de bruit pour être cachée davantage, et le comte-duc craignant que quelqu'un de ses ennemis ne s'ingérât d'en faire le récit d'une manière qui lui fût plus désavantageuse que s'il le faisait lui-même, il se détermina à l'annoncer lui-même au roi. Mais comme il connaissait l'esprit de ce prince, il sut tourner la chose d'une manière si fine, que le roi ne connut pas toute la perte qu'il venait de faire. « Sire, lui dit-il, en l'abordant » avec un visage ouvert et plein de » confiance, je vous porte une heu-

De bel-
lo Lusi-
tan. l.1.
p. 49.

» reuse nouvelle : votre majesté
» vient de gagner un grand duché
» et plusieurs belles terres. Et com-
» ment, Comte ? lui dit le roi tout
» surpris. C'est, répondit ce minis-
» tre, que la tête a tourné au duc
» de Bragance ; il s'est laissé séduire
» par une populace qui l'a proclamé
» roi de Portugal ; voilà tous ses
» biens confisqués ; il n'y a qu'à les
» réunir à votre domaine, et par
» l'extinction de cette maison, votre
» majesté régnera désormais sans
» inquiétude dans ce royaume. »

Quelque faible que fût ce prince,
il ne fut pas tellement ébloui de ces
espérances magnifiques, qu'il ne
comprît bien que cela ne serait pas
si aisé. Mais comme il n'osait plus
voir que par les yeux de son ministre, il se contenta de lui dire qu'il
fallait travailler à éteindre une rébel-

lion qui pouvait avoir des suites dangereuses.

En effet le roi de Portugal ne négligeait rien de ce qui pouvait l'affermir dans sa nouvelle grandeur. En arrivant à Lisbonne, il avait nommé aussitôt pour toutes les places frontières, des gouverneurs, gens fidèles et pleins de valeur et d'expérience, qui partirent incessamment, et allèrent se jeter chacun dans son gouvernement, avec ce qu'ils purent ramasser de gens de guerre, et travaillèrent avec toute la diligence possible à mettre leurs places en état de défense. Il délivra en même temps quantité de commissions pour lever des troupes ; et immédiatement après son couronnement, il convoqua les *Le 28 janvier 1641.* états du royaume. Il y fit examiner ses droits à la couronne, pour ne laisser aucun scrupule dans l'esprit

des Portugais ; et par un acte solennel, il fut reconnu pour véritable
et légitime roi de Portugal, comme
descendant par la princesse sa mère
de l'Infant Edouard, fils du roi Ema-
nuel, à l'exclusion du roi d'Espagne,
qui ne sortait de ce roi que par une
fille, qui, par les lois fondamentales
du royaume, était exclue de la couronne, ayant épousé un prince
étranger.

Il déclara dans l'assemblée générale des états qu'il se contentait de
ses biens de patrimoine pour l'entre-
tien de sa maison, et qu'il réservait
tout le domaine royal pour les né-
cessités du royaume ; et afin de faire
goûter aux peuples la douceur de son
gouvernement, il abolit tous les impôts dont les Espagnols les avaient
accablés.

Il remplit les charges de l'état et

les emplois les plus considérables de ceux des conjurés qui en étaient plus capables, et qui avaient marqué plus d'ardeur pour son élévation. Pinto n'eut point de part à cette promotion ; le prince ne crut pas son autorité encore assez établie pour faire passer un de ses domestiques, d'une naissance médiocre, dans une grande charge ; il n'en eut cependant pas moins d'autorité sur l'esprit du roi et dans tout le royaume ; et l'on peut dire que sans être ministre ni secrétaire d'état en titre, il en faisait toujours les fonctions par la confiance étroite que son maître avait en lui.

Ayant mis tout l'ordre qu'on pouvait désirer dans le dedans du royaume, il donna tous ses soins à s'unir étroitement avec les ennemis du roi d'Espagne, et même à lui en susciter de nouveaux, et il tâcha d'insinuer

au duc de Medina Sidonia, son beau-
frère, et gouverneur de l'Andalousie, le dessein de se rendre indépendant dans son gouvernement, et
de s'en faire à son exemple le souverain. Le marquis d'Aïamonté, seigneur Espagnol, parent de la reine
de Portugal, se chargea de cette
négociation, dont nous verrons le
succès dans la suite de ce discours.

Le nouveau roi de Portugal dépêcha ensuite des ambassadeurs dans
toutes les cours de l'Europe, pour
s'y faire reconnaître. Il fit une ligue
offensive et défensive avec les Hollandais et les Catalans; il se trouvait
assuré de la protection de la France.
Le roi d'Espagne même montra sa
faiblesse; car il n'entreprit rien de
considérable sur les frontières de
Portugal pendant toute la campagne,
apparemment parce que la révolte

de la Catalogne occupait toutes ses forces. Ce qu'il entreprit même ne lui réussit pas ; ses troupes eurent toujours du désavantage. Quelque temps après on apprit que Goa, et tout ce qui reconnaît la domination Portugaise, soit dans les Indes, ou dans l'Afrique et le Pérou, avaient suivi la révolution générale du royaume. De sorte que tout semblait promettre au roi de Portugal une suite d'heureux succès, et un règne toujours tranquille au dedans et victorieux au dehors, lorsqu'il était sur le point de perdre le sceptre et la vie par une détestable conspiration qui s'était formée sourdement dans Lisbonne, au milieu de la cour de ce prince.

L'archevêque de Brague était, comme nous avons dit, tout dévoué à la cour d'Espagne, dont il était un des ministres dans le Portugal.

Il voyait bien qu'il n'y avait d'autre rétablissement à espérer pour lui que dans celui du gouvernement Espagnol; il craignait même que le roi, qui semblait avoir eu quelques égards pour son caractère en ne le faisant pas arrêter, comme les autres ministres des Espagnols, ne s'y déterminât enfin, quand son autorité serait entièrement établie. Mais ce qui était plus capable que tout cela de lui faire entreprendre quelque chose de considérable, c'était son attachement pour la vice-reine. Il ne voyait cette princesse en prison, et dans les lieux sur-tout où il lui semblait qu'elle devait régner, qu'avec un véritable désespoir; et ce qui avait particulièrement aigri son ressentiment, c'est qu'on lui avait défendu de la voir, et à toutes les personnes de qualité qui avaient

permission d'aller chez elle, depuis
qu'on s'était aperçu qu'elle se servait
de la liberté que le roi lui avait
laissée, pour inspirer des sentimens
de révolte à tous les Portugais qui
l'approchaient. Cette conduite lui
parut tyrannique et insupportable ;
il lui semblait à tous momens que
cette princesse lui demandait sa liberté pour prix de toutes les grâces
qu'elle lui avait faites. Le souvenir
de ses bontés allumait sa colère, et
le fit résoudre à tout employer pour
satisfaire à sa reconnaissance, et
pour la venger de ses ennemis. Mais
comme il était bien difficile de sur-
prendre ou de corrompre les gardes
que le roi lui avait donnés, il résolut
d'aller droit à la source, et, par la
mort du roi même, de rendre à
cette princesse et la liberté et sa première autorité.

S'étant affermi dans ce dessein, il s'appliqua à trouver tous les moyens qui pouvaient faire réussir le plus promptement son projet, se doutant bien qu'on ne lui laisserait pas long-temps la charge de président du palais, et qu'il serait contraint de se retirer à Brague. Il jugea bien d'abord qu'il fallait prendre une autre route que celle que le roi venait de tenir ; qu'il n'aurait jamais le peuple de son parti, à cause de la haine qu'il portait aux Espagnols ; que d'un autre côté, l'élévation du roi étant l'ouvrage de la noblesse, elle n'entrerait pas dans cette conspiration, dans laquelle elle ne pouvait trouver aucun avantage. Il vit bien qu'elle ne pouvait réussir que du côté des grands, dont la plupart, bien loin d'avoir contribué à la révolution présente, souffraient im-

patiemment l'élévation de la maison
de Bragance. Ainsi, après s'être
assuré de la protection du ministre
d'Espagne, il jeta les yeux sur le
marquis de Villareal.

Il fit comprendre à ce prince que
le nouveau roi étant un esprit timide
et défiant, chercherait toujours les
moyens d'abaisser sa maison, de peur
de laisser à son successeur des ennemis redoutables dans des sujets trop
puissans; que lui et le duc d'Aveiro,
tous deux du sang royal de Portugal, étaient éloignés des emplois,
pendant que toutes les charges de
l'état et les dignités du royaume
devenaient la récompense d'une
troupe de séditieux; que tous les
gens de bien voyaient avec douleur
le mépris qu'on faisait de sa personne;
qu'il allait languir dans une indigne
oisiveté au fond de sa province;

qu'il songeât qu'il était trop grand par sa naissance et ses grands biens, pour être sujet d'un si petit roi ; et qu'il venait de perdre un maître dans la personne du roi d'Espagne, qui pouvait seul lui donner des emplois conformes à sa naissance, par le nombre considérable de royaumes et de gouvernemens où il avait à pourvoir.

Voyant que ces discours faisaient impression sur l'esprit de ce prince, il lui dit qu'il avait ordre de la cour d'Espagne de lui promettre la vice-royauté de Portugal pour récompense de sa fidélité. Ce n'était pourtant pas l'intention de l'archevêque ; il voulait uniquement la liberté et le rétablissement de la princesse de Mantoue. Mais il fallait intéresser le marquis de Villareal par les motifs les plus puissans. Ces considérations, que l'archevêque sut lui remettre plusieurs fois et en plusieurs manières devant les yeux, le firent consentir à se mettre à la tête de cette affaire, avec le duc de Camine son fils.

L'archevêque s'étant bien assuré de ces deux princes, engagea aussi le grand inquisiteur, son ami particulier. Cet homme était d'autant plus important au dessein de l'archevêque, qu'il était sûr, en l'engageant, d'y faire entrer tous les officiers de l'inquisition ; nation souvent plus formidable aux gens de bien qu'aux scélérats, et qui peut beaucoup parmi les Portugais. Il le prit par des motifs de conscience, le faisant souvenir du serment de fidélité qu'ils avaient fait au roi d'Espagne, et qu'ils ne devaient pas violer en faveur d'un rebelle ; peut-être aussi par des vues fort intéressantes, en lui

faisant envisager qu'ils ne pouvaient
ni l'un ni l'autre espérer de conserver
long-temps leurs charges, sous un
prince qui aimait à remplir tous les emplois de gens qui lui fussent dévoués.

Il passa plusieurs mois à faire
beaucoup d'autres conjurés. Les
principaux furent le commissaire de
la Gruzade, le comte d'Amamar,
neveu de l'archevêque ; le comte de
Ballerais, dom Augustin Emmanuel,
Antoine Correa, ce commis de Vasconcellos, à qui Menezès donna
quelques coups de poignard quand
la conjuration éclata ; Laurent Pidez
Carvable, garde du trésor royal,
tous créatures des Espagnols, à qui
ils devaient leurs charges et leurs
fortunes, et qui n'en espéraient la
conservation ou le rétablissement
que par le retour de la domination
des Castillans.

Les Juifs même, qu'on sait être en grand nombre à Lisbonne, et qui y vivent en s'accommodant au-dehors de la religion chrétienne, eurent part à ce dessein. Le roi venait de refuser des sommes considérables qu'ils lui avaient offertes pour faire cesser les poursuites de l'inquisition, et pour obtenir la permission de professer publiquement leur religion. L'archevêque se servit habilement du ressentiment où ils étaient de ce refus, pour les engager dans son entreprise. Il s'aboucha avec les principaux, qui étaient au désespoir de s'être déclarés mal à propos, et qui se voyaient par là exposés à toute la cruauté de l'inquisition.

Ce prélat habile fit servir leur frayeur à ses desseins ; il les assura de sa protection auprès du grand in-quisiteur,

quisiteur, qu'on savait bien qui n'a-
gissait que par ses mouvemens ; ensuite il leur fit craindre d'être chassés
de tout le Portugal par un prince qui
affectait une grande catholicité, et
en même temps il leur promit, au
nom du roi d'Espagne, la liberté de
conscience, et d'une synagogue dans
le royaume, s'ils pouvaient contribuer à y rétablir son autorité.

La passion de cet archevêque était
si violente, qu'il n'eut point de honte
d'emprunter le secours des ennemis
de JÉSUS-CHRIST pour chasser du
trône son roi légitime ; ce fut peut-
être la première fois que l'on vit
l'inquisition agir de concert avec la
synagogue.

Les conjurés, après plusieurs projets différens, s'arrêtèrent enfin à
celui-ci, qui était le sentiment de
l'archevêque, et qu'il avait concerté

avec le premier ministre d'Espagne ;
que les Juifs mettraient le feu, la
nuit du 5 août, aux quatre coins du
palais, et en même temps à plusieurs
maisons de la ville, afin d'occuper
le peuple, chacun dans son quartier ;
que les conjurés se jetteraient dans
le palais, sous prétexte d'apporter
du secours contre l'incendie ; et qu'au
milieu du trouble et de la confusion
que causent nécessairement ces sortes
d'accidens, ils s'approcheraient du
roi, et le poignarderaient ; que le
duc de Camine s'assurerait de la reine
et des princes ses enfans, pour s'en
servir, comme on avait fait de la
princesse de Mantoue, pour faire
rendre la citadelle ; qu'il y aurait en
même temps des gens tout prêts avec
beaucoup de feux d'artifice pour mettre le feu à la flotte ; que l'archevêque
et le grand inquisiteur avec tous ses

officiers marcheraient par la ville pour apaiser le peuple et l'empêcher de remuer, par la crainte qu'il a de l'inquisition, et que le marquis de Villareal prendrait le gouvernement de l'état en attendant les ordres d'Espagne.

Comme ils n'étaient pas sûrs que le peuple voulût se déclarer en leur faveur, ils avaient besoin de troupes pour soutenir leur entreprise. Ils convinrent qu'il fallait obliger le comte-duc à envoyer une flotte considérable sur les côtes, prête à entrer dans le port, au moment que la conjuration éclaterait; et que, sur l'avis du succès, il fît avancer aussi-tôt vers Lisbonne des troupes qui seraient sur la frontière, pour achever de soumettre ce qui ferait encore quelque résistance.

Mais il était difficile aux conjurés

d'entretenir pour cela les correspondances nécessaires avec le premier ministre d'Espagne. Depuis que le roi avait su que la vice-reine avait écrit à Madrid, il avait des gardes si exactes sur les frontières, qu'il ne sortait plus personne du royaume sans sa permission expresse; et il n'était pas sûr d'entreprendre de corrompre les gardes, de peur que par une double trahison, ces gens ne les trahissent eux-mêmes en livrant les lettres, ou en déclarant qu'on les avait voulu corrompre.

Enfin, pressés de faire savoir de leurs nouvelles au ministre d'Espagne, sans lequel ils ne pouvaient rien entreprendre, et ne sachant de quelle voie se servir, ils jetèrent les yeux sur un riche marchand de Lisbonne, qui était trésorier de la douane, et qui, à cause de son grand commerce dans toute l'Europe, avait permission particulière du roi d'é-crire en Castille. Cet homme, appelé Baëse, faisait profession publique de la religion chrétienne; mais il était de ceux qu'on appelle en Portugal *chrétiens nouveaux*, et qu'on soup-çonne toujours d'observer en secret les lois de la religion juive. On lui offrit une grosse somme d'argent, pour l'engager dans l'entreprise. Cela joint aux exhortations des juifs qui avaient le secret de la conjuration, lui fit accepter les offres, et il se char-gea de faire tenir les lettres au comte-duc d'Olivarès.

Il adressa son paquet au marquis d'Aïamonté, gouverneur de la pre-mière place frontière d'Espagne, croyant ses lettres en sûreté, sitôt qu'elles seraient hors des terres de Portugal.

Ce marquis, proche parent et ami de la reine de Portugal, et qui était actuellement en négociation avec le nouveau roi, surpris de voir des lettres cachetées du grand sceau .de l'inquisition de Lisbonne, et adressées au premier ministre d'Espagne, les ouvrit aussitôt, dans la crainte que ce ne fût quelqu'avis qu'on lui donnât de la liaison qu'il entretenait secrètement avec le roi et la reine de Portugal; lorsqu'il trouva que c'était le projet et le plan d'une conjuration prête à éclater contre lui, et qui allait perdre toute la maison royale, il renvoya aussitôt le paquet au roi de Portugal. On ne peut dire l'étonnement où il se trouva à l'ouverture de ces lettres, en voyant que des princes, un archevêque, et plusieurs des grands de sa cour, qui semblaient avoir mar-

qué beaucoup de joie de son élévation, conspiraient non-seulement
contre sa couronne, mais en voulaient encore à sa vie.

Il fit aussitôt assembler son conseil
secret, et quelques jours après on
exécuta ce qui y fut résolu. Le 5
août était le jour où la conspiration
devait éclater, sur les onze heures
du soir, suivant le projet qui avait
été intercepté. Le roi fit entrer ce
jour-là même dans Lisbonne, à dix
heures du matin, toutes les troupes
qui étaient en quartier dans les villages voisins, sous prétexte d'une
revue générale qu'il devait faire
dans la grande cour du palais. Il
donna de sa propre main, et en
secret, plusieurs billets cachetés à
ceux de sa cour dont il était le plus
assuré, avec un ordre précis à chacun de n'ouvrir son billet qu'à midi,

et pour lors d'exécuter ponctuellement ce qu'il portait. Ensuite, ayant
fait appeler dans son cabinet l'archevêque et le marquis de Villareal,
sous prétexte de quelqu'affaire qu'il
leur voulait communiquer, on les
arrêta sans bruit, environ à midi ;
et un capitaine des gardes, dans le
même temps, arrêta le duc de Camine
dans la place publique. Ceux qui
avaient reçu du roi ces billets cachetés, les ayant ouverts, y trouvèrent un ordre pour chacun d'eux,
d'arrêter un des conjurés, de le
conduire en telle prison, et de le
garder à vue jusqu'à nouvel ordre.
Ces mesures étaient prises si justes
et furent exécutées si ponctuellement,
qu'en moins d'une heure les qua-
rante-sept conjurés furent arrêtés,
sans qu'aucun songeât à échapper.

Le bruit de cette conjuration s'étant répandu dans la ville, tout le peuple accourut en foule au palais, demandant avec de grands cris qu'on lui livrât les traîtres. Quoique le roi aperçût avec plaisir l'affection que le peuple lui portait, ce concours de monde qui s'était assemblé si brusquement ne laissait pas de lui faire de la peine. Il craignit que le peuple ne s'accoutumât à ces sortes de mouvemens, qui ont toujours quelque chose de séditieux. Ainsi, après les avoir remerciés du soin qu'ils prenaient de sa vie, et les avoir assurés de la punition des coupables, il se servit du magistrat pour les faire retirer.

Cependant, de peur de laisser ralentir la haine du peuple, qui passe aisément de la fureur et de la colère la plus violente contre les criminels, aux sentimens de compassion, dès qu'il ne les regarde plus que comme des malheureux, ce prince fit publier que les conjurés avaient eu dessein de l'assassiner et toute la maison royale, et de mettre le feu à la ville ; que ce qui serait resté de l'incendie aurait été en proie aux séditieux ; et que la politique d'Espagne, pour s'épargner désormais toute crainte de nouvelles conspirations, et pour assouvir pleinement sa vengeance, avait résolu de peupler la ville d'une colonie de Castillans, et d'envoyer tous les bourgeois aux mines de l'Amérique, et là, de les ensevelir tout vivans dans ces abîmes où ils font périr tant de monde.

Ensuite il donna des juges aux conjurés, qu'il prit du corps de la chambre souveraine ; il y joignit deux grands du royaume, à cause

de l'archevêque de Brague, du marquis de Villareal, et du duc de
Camine.

Le roi avait ordonné aux commissaires de ne se servir des lettres qu'il
leur remit, qu'en cas qu'ils ne pussent d'ailleurs convaincre les conjurés de leur crime; de peur qu'on
ne démêlât en Espagne ses liaisons
avec le marquis d'Aïamonté, et par
quelle voie ces lettres étaient tombées
entre ses mains. Mais il ne fut pas
besoin de les employer pour découvrir la vérité. Baëse se coupa dans
son interrogatoire sur tous les chefs
sur lesquels il fut interrogé; et ce
malheureux ayant été présenté à la
question, à peine en eut-il senti les
premières douleurs, que le courage
lui manquant, il confessa son crime,
et déclara tout le plan de la conspiration. Il avoua qu'ils avaient eu

dessein de faire périr le roi, que l'office de l'inquisition était plein d'armes, et qu'ils n'attendaient que la réponse du comte-duc pour exécuter leurs desseins.

La plupart des autres conjurés furent exposés à la question, et leurs dépositions se trouvèrent conformes à celles du juif. L'archevêque, le grand inquisiteur, le marquis de Villareal et le duc de Camine confessèrent leur crime pour s'épargner la douleur de la question. Les juges condamnèrent les deux derniers à avoir la tête tranchée, les autres conjurés à être pendus et mis par quartiers, et réservèrent au roi le jugement des ecclésiastiques.

Le roi assembla aussitôt son conseil, et dit à ses ministres, qu'il craignait que le supplice de tant de gens de qualité, quoique criminels, n'eût

des suites dangereuses ; que les chefs
des conjurés étant des premières maisons du royaume , leurs parens seraient autant d'ennemis secrets qu'il
aurait, et que la passion de venger
leur mort serait une malheureuse
source de nouvelles conjurations ;
que la mort du comte d'Egmont en
Flandre, et celle des Guises en France , avaient eu l'une et l'autre des
suites funestes ; que la grâce qu'il
accorderait à quelques-uns , et un
traitement moins rigoureux que la
mort pour les autres , lui gagnerait
tous les cœurs , et les mettrait eux ,
leurs parens et leurs amis dans l'obligation d'agir dorénavant par des
motifs de reconnaissance ; que cependant, quoique son avis penchât à la
douceur, il ne les avait assemblés que
pour savoir leur sentiment, et suivre
celui qui serait trouvé le meilleur.

Le marquis de Ferreira opina le premier à les faire exécuter promptement. Il soutint fortement qu'un roi dans ces occasions ne doit écouter que la justice seule ; que la douceur pourrait avoir de dangereuses suites ; que l'on attribuerait le pardon des criminels à la faiblesse du prince, ou à la crainte que l'on avait de leurs amis, plutôt qu'à sa bonté ; que l'impunité attirerait le mépris sur le gouvernement présent, et donnerait la hardiesse à leurs parens de vouloir les délivrer de prison, et peut-être de pousser la chose plus loin ; qu'il devait un exemple de sévérité à son avénement à la couronne, pour intimider ceux qui seraient capables d'entreprendre quelque chose de semblable. Enfin, que les criminels n'étaient pas seulement coupables envers la personne de sa majesté, mais qu'ils étaient coupables envers l'état qu'ils allaient bouleverser; et qu'il devait encore plus considérer la justice qu'il devait à son peuple, en les punissant comme ils le méritaient, que de faire attention au penchant qu'il avait à la clémence, dans une occasion où la conservation de sa majesté et la sûreté publique étaient des intérêts inséparables.

Tout le conseil ayant été du même avis, le roi s'y rendit, et l'arrêt fut exécuté le lendemain. L'archevêque de Lisbonne voulut sauver un de ses amis; il demanda sa grâce à la reine, et la sollicita avec toute la confiance d'un homme qui croyait qu'il n'y avait rien qu'on pût refuser à ses services. Mais la reine, qui avait compris la justice et la nécessité indispensable de la punition, et qui voyait combien une distinction de

cette nature aigrirait les parens et les amis des autres conjurés ; persuadée qu'il pouvait y avoir des actions de clémence très-injustes, sut faire céder dans ce moment le penchant qu'elle avait à la douceur, au devoir de la justice. Elle ne dit qu'un mot à l'archevêque, mais d'un ton qui ne lui permit pas de repartir. « Monsieur l'archevêque, lui dit-
» elle, la plus grande grâce que
» vous pouvez attendre de moi,
» sur ce que vous me demandez,
» c'est d'oublier que vous m'en ayez
» jamais parlé. »

Le roi voulant ménager le clergé du royaume, et sur-tout la cour de Rome, qui par considération pour la maison d'Autriche, refusait de recevoir ses ambassadeurs, changea la peine de l'archevêque et du grand inquisiteur en une prison perpétuelle.

On publia peu de temps après que
l'archevêque y était mort de maladie,
accident assez ordinaire à certains
prisonniers d'état, que la politique
ne permet pas de faire monter sur
un échafaud. On fut long-temps à
la cour de Madrid sans pouvoir
démêler par quel moyen le roi de
Portugal avait découvert cette conjuration ; et ce ne fut que par une
nouvelle conspiration qui se tramait
en même temps contre le roi d'Espagne, que ce prince connut celui
qui avait fait passer à Lisbonne les
premiers avis des desseins de l'archevêque de Brague.

Le roi de Portugal entretenait toujours, comme nous avons dit, une
étroite relation avec les ennemis de
la monarchie Espagnole. Ses ports
étaient ouverts aux flottes de France
et de Hollande, il avait un résidant

à Barcelone et parmi les révoltés de la Catalogne, et il s'appliqua à exciter de nouveaux troubles dans le cœur même de l'Espagne, qui laissassent moins d'attention à Philippe IV pour les affaires de Portugal. Le nouveau roi avait déjà jeté quelques semences de rébellion dans l'esprit du duc de Medina Sidonia, son beau-frère. Le marquis d'Aïamonté, seigneur Castillan, et leur confident mutuel, acheva de le séduire. Il était proche parent de la reine de Portugal et du duc de Medina; ses terres, situées à l'embouchure de la Guadiane, et proche les frontières de Portugal, favorisaient le commerce secret qu'il entretenait avec cette cour, et il espérait augmenter sa fortune, et trouver son élévation dans celle de ces deux maisons. C'était un homme hardi, entreprenant, mécontent du ministre, et prévenu de cette indifférence pour la vie, si nécessaire à ceux qui tentent de hautes entreprises.

Il écrivit secrètement au duc de Medina Sidonia, pour le féliciter sur la découverte de la conjuration de l'archevêque, qui avait pensé faire périr la reine sa sœur et toute la maison royale, et il lui insinuait en même temps combien il devait souhaiter que le nouveau roi pût conserver une couronne qui devait passer un jour sur la tête de ses neveux ; que le Portugal, contigu à la Castille, lui assurait un asile dans des temps fâcheux, et sur-tout pendant le ministère du comte-duc, dont la politique superbe et absolue n'avait pour objet que l'abaissement des grands. Il ajouta qu'il n'était pas même sûr que ce ministre, quoique son parent, lui laissât long-temps le gouvernement d'une grande province si voisine du Portugal; que c'était un sujet digne de ses réflexions, et que s'il voulait qu'il achevât de lui communiquer celles qu'il avait faites de son côté, il lui envoyât un homme de confiance, avec lequel il pût s'ouvrir avec sûreté.

Le duc de Medina Sidonia, naturellement vain et superbe, et qui n'avait vu qu'avec une jalousie secrète l'élévation de son beau-frère, comprit bien que la lettre du marquis cachait de plus hauts desseins. Il fit partir aussitôt un certain Louis de Castille, son confident, pour conférer avec lui. Le marquis ayant vu sa lettre de créance, s'ouvrit sans peine; et après lui avoir fait voir avec quelle facilité le duc de Bragance s'était emparé de la couronne de Portugal, il lui dit que le duc de Medina ne trouverait jamais une conjoncture plus favorable pour assurer la fortune de sa maison, et la rendre indépendante de la couronne d'Espagne.

Il lui représenta que le roi était épuisé par la guerre qu'il soutenait depuis si long-temps contre la France et la Hollande ; que la Catalogne seule occupait ses principales forces ; qu'il fallait faire soulever l'Andalousie, et porter la guerre jusque dans le centre du royaume ; que le peuple, toujours avide de la nouveauté, et d'ailleurs accablé d'impôts, changerait avec plaisir de souverain ; que le duc de Medina n'était pas moins aimé dans son gouvernement que celui de Bragance dans le. Portugal ; qu'il devait seulement s'appliquer à gagner les gouverneurs particuliers qui étaient sous ses ordres,

sans cependant leur confier le secret
de ses desseins ; qu'il mît ses créatures dans les postes les plus impor-
tans ; qu'il lui serait aisé ensuite de
s'assurer des gallions qu'on attendait
incessamment des Indes ; que l'argent dont ils étaient chargés servirait
à soutenir la guerre ; et que pour
faciliter l'exécution de ce projet, le
roi de Portugal ferait entrer dans
Cadix, de concert avec lui, une flotte
considérable, composée de ses vaisseaux et de ceux de ses alliés, et
chargée de troupes de débarquement,
qui acheveraient de soumettre ceux
qui s'opiniâtreraient mal à propos à
vouloir conserver une fidélité inutile
au roi d'Espagne.

Le confident du duc de Medina lui
ayant rendu compte de son voyage,
ce seigneur se laissa éblouir par l'éclat
d'une couronne. Il était maître des

forces de terre et de mer , comme
capitaine général de l'Océan , et gouverneur de toute la province ; il y
possédait en propre des villes considérables et de grandes terres ; tout
cela lui donnait une autorité presque
absolue , et il crut, dans les premiers
mouvemens de son ambition , qu'il
ne lui manquait que la volonté d'être
roi pour mettre une couronne sur sa
tête , et pour ne reconnaître aucune
autorité supérieure dans l'Andalousie.

Il renvoya aussitôt Louis de Castille au marquis d'Aïamonté, pour
l'assurer qu'il entrait dans ses vues ,
et pour prendre avec lui des mesures
plus précises , par rapport sur-tout à
la cour de Portugal. Il s'appliqua en
même temps à s'assurer de ses créatures, et à s'en faire de nouvelles. Il
laissait échapper des plaintes contre
le gouvernement ; il plaignait les sol-

dats qui n'étaient point payés, et le peuple qui était accablé d'impôts.

Le marquis d'Aïamonté, instruit de sa disposition, ne songea plus qu'à réduire leurs projets dans un plan fixe et déterminé. Il était question d'en conférer avec le roi de Portugal; le marquis, trop connu sur les frontières, n'osa passer dans ce royaume. Il jeta les yeux pour une négociation si délicate sur un moine intrigant, attaché de tout temps à sa fortune, et dont l'habit si révéré dans ce pays d'inquisition laissait moins d'attention à ses démarches. Ce religieux de l'ordre de saint François, et appelé le père Nicolas de Valesco, passa à Castro-Martin, première ville de Portugal, sous prétexte d'y venir traiter de la rançon d'un Castillan qui était prisonnier. Le roi de Portugal, de concert avec le marquis d'Aïamonté,

monté, le fit arrêter comme un es-
pion, et on le fit venir à Lisbonne
chargé de chaînes, et comme un criminel que les ministres voulaient in-
terroger eux-mêmes. On le jeta dans
une prison où il était gardé avec une
sévérité apparente ; on le relâcha peu
après, sous prétexte qu'il n'était en-
tré dans le royaume que pour traiter
de la liberté de l'officier Espagnol,
et on lui permit même de venir au
palais la solliciter, afin qu'il pût conférer avec les ministres, sans se rendre suspect aux espions secrets de la
cour de Madrid.

Le roi le vit plusieurs fois, et l'assura
pour récompense de ses soins, de le
faire évêque. Le cordelier, ébloui
de cette espérance, ne sortait plus
du palais ; il faisait sa cour à la reine,
et obsédait les ministres ; il entrait
même dans les intrigues des courti-

sans. Il voulait qu'on s'aperçût de son crédit et de sa faveur; et sans révéler expressément le fond de sa négociation, il en trahissait le secret par des manières fastueuses et indiscrètes. Le courtisan attentif, et toujours jaloux de la faveur naissante, démêla bientôt que sa prison n'avait été qu'un prétexte pour l'introduire à la cour. On publiait différentes conjectures sur le sujet de son voyage; et un Castillan qui était prisonnier à Lisbonne en pénétra tout le secret.

Ce Castillan, appelé Sanche, était créature du duc de Medina Sidonia; il faisait la fonction de trésorier de l'armée avant la dernière révolution. Le nouveau roi l'avait fait arrêter, comme tous les Castillans qui se trouvèrent alors à Lisbonne, et il gémissait dans une dure captivité. Il

n'eut pas plutôt appris le nouveau
crédit du cordelier , son pays et sa
conduite , qu'il soupçonna qu'il n'é-
tait à la cour que pour y ménager
quelque intrigue , et il fonda sur ce
soupçon le projet de sa liberté. Il
écrivit à ce religieux pour implorer
sa protection ; et en des termes res-
pectueux et propres à flatter sa vanité ; il se plaignait , par sa lettre ,
de ce que le roi de Portugal retenait
si long-temps dans une dure prison
un serviteur et une créature du duc
de Medina son beau-frère ; et pour
répandre quelque vraisemblance sur
ce qu'il avançait , il envoya au cordelier un grand nombre de lettres
qu'il avait reçues de ce seigneur
avant la révolution , et dans les-
quelles il lui recommandait différentes affaires , avec cette confiance et
la supériorité que lui donnaient son

rang , et la protection dont il l'honorait.

Le cordelier répondit en peu de
mots à Sanche , qu'il n'avait rien en
plus grande recommandation que les
intérêts de ceux qui appartenaient
au duc de Medina , qu'il allait travailler à lui procurer sa liberté , et
qu'il lui recommandait seulement le
secret. L'adroit Castillan , pour se
rendre moins suspect, attendit quelque temps l'effet de ses promesses. Il
lui écrivit ensuite pour lui représenter qu'il y avait sept mois qu'il
gémissait dans la captivité ; que le
ministre d'Espagne semblait l'avoir
oublié dans les fers ; qu'on ne parlait
ni de sa rançon ni de son échange ,
et qu'il n'attendait plus sa liberté que
des soins qu'il en voudrait bien
prendre.

Le cordelier qui se voulait faire

un nouveau mérite auprès du duc de
Medina de la liberté de Sanche, la
demanda au roi, et l'obtint. Il fut
tirer lui-même le Castillan de prison,
et lui offrit de le faire comprendre
dans un passe-port que le roi avait
accordé à quelques domestiques de
la duchesse de Mantoue qui s'en re-
tournaient à Madrid. Mais le rusé
Castillan lui répondit que la ville de
Madrid était devenue pour lui une
terre étrangère ; qu'il ne pouvait paraître à la cour sans s'exposer à rentrer dans une nouvelle prison ; que
le ministre sévère et inexorable ne
manquerait pas de lui demander un
compte rigoureux de sa recette,
quoique dans la révolution on eût
pillé sa caisse, et qu'on ne lui eût
pas même laissé ses registres ; et il
ajouta, pour pressentir le cordelier,
qu'il ne respirait qu'à servir auprès

du duc de Medina son patron, et
que ce seigneur était assez puissant
pour faire sa fortune, sans qu'il fût
obligé de sortir de l'Andalousie.

Le religieux ayant besoin d'une
voie sûre pour rendre compte au
marquis d'Aïamonté de sa négociation, et pour recevoir de nouveaux
ordres, jeta les yeux sur le Castillan, qui affectait de paraître inviolablement attaché aux intérêts du
duc de Medina ; il le garda quelque
temps, sous prétexte de lui ménager
un passe-port, mais en effet pour
l'observer et s'assurer de sa fidélité.
Le commerce fréquent qu'ils avaient,
forma insensiblement une liaison
étroite entr'eux. Le Castillan, plus
habile, s'en servit pour tirer un secret qui échappa au cordelier par
vanité. Ce religieux, pour le persuader de l'étendue de son crédit,

et de la considération qu'on avait
pour lui , ne put s'empêcher de lui
dire qu'il le verrait bientôt sous un
autre habit ; qu'il était assuré d'un
évêché , et qu'il ne désespérait
pas même de se voir revêtu de la
pourpre romaine. Sanche , pour
achever de lui arracher son secret ,
affectait de n'en rien croire. Son
incrédulité apparente piqua le cordelier : et que direz-vous , ajouta-
t-il , quand vous verrez une couronne sur la tête du duc de Medina ?
Sanche , par des doutes affectés , le
conduisit peu à peu jusqu'à faire une
entière confidence de ses desseins.
Le cordelier lui avoua enfin qu'il
était chargé d'une négociation où
des rois entraient ; qu'il verrait au
premier jour le duc de Medina souverain de l'Andalousie ; que le marquis d'Aïamonté conduisait cette

grande affaire ; que c'était à ce seigneur Castillan que le roi de Portugal était redevable de la découverte de la dernière conspiration ; que les Espagnes allaient entièrement changer de face ; et qu'à son égard il pouvait l'assurer d'une fortune considérable, s'il voulait seulement se charger de rendre au duc et au marquis les lettres qu'il lui confierait. Sanche, charmé de se voir maître d'un secret si important, lui renouvela les assurances qu'il lui avait données plusieurs fois de son attachement aux intérêts du duc de Medina. Il prit les lettres du cordelier, et il lui assura que, si on le jugeait à propos, il se tiendrait heureux d'en rapporter lui-même la réponse. Il partit pour l'Andalousie ; mais il ne fut pas plutôt sur les terres d'Espagne, qu'il prit la route de

Madrid. Il fut droit en arrivant chez le ministre, auquel il fit dire que Sanche, trésorier de Portugal, échappé des prisons de l'usurpateur, avait une affaire de conséquence à lui communiquer.

Le comte-duc, naturellement superbe et de difficile accès, lui fit dire de revenir aux jours ordinaires d'audience. Sanche rebuté si durement, s'écria qu'il fallait absolument qu'il lui parlât ; qu'il y allait du salut de la monarchie, et il prit le ciel à témoin de sa fidélité, et de la diligence qu'il avait apportée pour en avertir le ministre.

Ce discours véhément étant rapporté au comte-duc, il commanda qu'on le laissât entrer. Sanche se jeta à ses pieds, et lui dit que l'état était sauvé, puisqu'il était parvenu en sa présence. Il lui rendit compte de la manière dont il avait été arrêté dans la dernière révolution ; il passa ensuite à la conjuration du duc de Medina Sidonia ; il lui en développa tous les projets, les liaisons avec le roi de Portugal, le dessein de s'emparer des gallions, de livrer Cadix aux ennemis de la couronne, et de tourner contre le roi même les armées qu'il commandait en Andalousie pour son service ; et pour justifier tout ce qu'il avançait, il lui remit différentes lettres du cordelier, écrites en chiffres au marquis d'Aïamonté et au duc de Medina, et qui contenaient le plan de la conspiration.

Le comte-duc parut d'abord consterné d'une nouvelle si surprenante ; il resta quelque temps sans dire mot ; mais après s'être remis, il prit un air plus gracieux qu'il ne l'avait ordinairement ; il loua Sanche de sa

fidélité envers son roi, et il ajouta
qu'il méritait une double récompense
pour avoir découvert de si pernicieux desseins, et pour n'avoir
pas balancé à les découvrir au plus
proche parent du chef même de la
conspiration. Il le fit conduire ensuite
dans un appartement séparé, avec
ordre de ne le laisser parler à qui
que ce soit ; et il passa aussitôt chez
le roi, auquel il rendit compte de
tout ce qu'il venait d'apprendre, et
il lui présenta en même temps les
lettres du cordelier. Philippe fut
frappé d'une si noire trahison. Il y
avait long-temps que la fierté extraordinaire des Gusmans lui était suspecte et odieuse ; et songeant en
même temps à la perte récente du
Portugal, qu'il attribuait à l'ambition
de la duchesse de Bragance, il ne
put s'empêcher de dire à son minis-

I 6

tre, par une espèce de reproche, que tous les malheurs de l'Espagne venaient de sa maison. Ce prince ne manquait ni de pénétration ni de délicatesse dans l'esprit, mais il aimait les plaisirs, et haïssait les affaires; toute attention lui était pénible, et il eut volontiers abandonné une partie de ses états, pourvu qu'on lui eût laissé toute son oisiveté. Ainsi, après avoir évaporé sa colère, il remit les lettres du cordelier au comte-duc, sans les avoir décachetées, et il lui ordonna de les faire examiner par trois conseillers d'état, qui lui en feraient le rapport.

C'était rendre le ministre maître de cette affaire; il choisit pour instruire ce procès trois de ses créatures. On déchiffra les lettres du cordelier; Sanche fut entendu plusieurs fois. Il était question de le faire parler à

la décharge du duc de Medina, que
le ministre voulait sauver. Il le fit
appeler avant qu'il parût devant les
commissaires ; et affectant ces manières pleines de confiance, dont les
grands savent bien se servir pour
éblouir et pour gagner ceux dont ils
ont affaire : « Comment, mon cher
» Sanche, lui dit-il, pourrons-nous
» justifier le duc de Medina d'une
» accusation qui ne roule que sur
» les lettres d'un moine inconnu, et
» qui vraisemblablement a été cor-
» rompu par nos ennemis, pour
» rendre suspecte la fidélité du duc,
» qui sert si utilement le roi dans
» sa province d'Andalousie ? »

Sanche, pénétré de la vérité de
sa déposition, et qui craignait peut-
être qu'en l'affaiblissant il ne se pri-
vât lui-même de la récompense qu'il
espérait, soutint toujours avec beau-

coup de fermeté qu'il y avait une conspiration formée contre l'état ; que le duc en était le chef, et le marquis d'Aïamonté le principal négociateur ; qu'il en avait vu les lettres entre les mains du cordelier , et qu'infailliblement on verrait l'Andalousie soulevée , si l'on ne prévenait de bonne heure les mauvais desseins du gouverneur de la province.

Le ministre, qui ne voulait pas que cette affaire s'approfondît, prit son temps pour en parler au roi. Il dit à ce prince qu'on avait déchiffré les lettres du cordelier, qui avait été apparemment suborné pour perdre le duc de Medina ; que Sanche lui-même pouvait avoir été trompé par ce moine intrigant ; qu'on ne produisait ni lettres du duc, ni témoins qui déposassent formellement contre lui ; et que toute cette accusation roulait sur des lettres qui pouvaient bien être l'ouvrage de la calomnie ; que cependant, comme on ne pouvait prendre trop de précaution dans une affaire si importante, il croyait qu'il fallait tirer adroitement le duc de son gouvernement, où il n'aurait pas été aisé de l'arrêter ; faire entrer des troupes dans Cadix, avec un nouveau commandant, et s'assurer en même temps du marquis d'Aïamonté, et que, s'ils se trouvaient criminels, le roi pourrait alors les abandonner à toute la rigueur de sa justice.

Les conseils du ministre étaient des lois encore plus impérieuses à l'égard du prince que pour le reste des sujets. Philippe, qui n'aimait pas à répandre du sang, et d'un caractère doux et paresseux, lui dit qu'il le laissait maître de cette affaire. Le comte-duc fit partir aussitôt dom Louis de Haro son neveu, avec ordre de dire au duc, qu'innocent ou coupable, il se rendît incessamment à la cour ; qu'il était assuré de sa grâce, s'il était criminel ; mais qu'il était perdu, s'il différait un moment de déférer aux ordres du roi. Un autre courrier fit arrêter le marquis d'Aïamonté, et le duc de Ciudadréal se jeta en même temps dans Cadix à la tête de cinq mille hommes.

Le duc de Medina fut accablé par cette nouvelle. Il n'avait point d'autre parti à prendre que celui d'obéir, ou de se sauver en Portugal. Mais l'idée de passer le reste de sa vie comme un proscrit, et dans un pays étranger, lui paraissait indigne d'un homme de son rang. Il ne voyait point de place pour lui en Portugal ; et comme il connaissait le pouvoir absolu que le comte-duc avait sur l'esprit du roi, il résolut de s'abandonner à la foi de ce ministre. Il partit, et il fit une si grande diligence, que cette prompte obéissance disposa le roi à le croire innocent, ou à lui pardonner s'il était coupable.

Le duc fut descendre chez le ministre, et après en avoir reçu de nouvelles assurances de sa grâce, il lui déclara le plan de la conjuration, dont il rejeta tout le projet sur le marquis d'Aïamonté. Le ministre l'introduisit secrètement dans le cabinet du roi ; le duc se jeta à ses pieds, qu'il mouilla de ses larmes, et dans cette posture humiliante il lui avoua son crime, et lui demanda sa grâce dans les termes les plus touchans. Le roi, naturellement doux, se laissa attendrir ; il mêla ses larmes à celles du duc, et lui dit qu'il donnait sa grâce à son repentir, et aux prières que lui en avait faites le comte-duc d'Olivarès ; il le congédia ensuite ; mais comme il n'était pas à propos de l'exposer à une nouvelle tentation dans une conjoncture si délicate, il eut ordre de se tenir à la suite de la cour ; on confisqua même une partie de ses grands biens, qui n'avaient servi qu'à lui inspirer des pensées d'indépendance, et le roi mit un gouverneur et une garnison dans la ville de St.-Lucar de Baraméda, résidence ordinaire des ducs de Medina Sidonia.

Le ministre, pour persuader le roi du repentir sincère de son parent, proposa à ce seigneur de faire appeler en duel le duc de Bragance. Le duc de Medina parut d'abord surpris d'une pareille proposition ; il dit au ministre que les lois divines et humaines défendaient le duel. Mais comme il vit que le comte-duc s'opiniâtrait dans son dessein, il ajouta qu’il aurait beaucoup de peine à en venir à ces extrémités avec son beau-frère, à moins que le roi n’obtînt en sa faveur une bulle du pape, qui le mît à couvert de l’excommunication majeure dont l’église punit les duellistes.

Le ministre lui repartit qu’il n’était pas temps de s’arrêter à ces scrupules ; qu’il devait songer à mériter sa grâce par une action d’éclat , et qui fît perdre au public le soupçon qu’on pourrait avoir de son intelligence avec les rebelles , et il ajouta que s’il ne voulait pas absolument se battre , il suffisait qu’il ne désavouât pas le cartel qu’il prendrait soin de faire publier sous son nom. Le duc, qui comprit bien que tout ce qu’on exigeait de lui n’aboutirait qu’à une comédie dont on voulait amuser le peuple, consentit au cartel ; le comte-

duc le dressa lui-même. On en re-
pandit un grand nombre de copies
dans l'Espagne, en Portugal, et
même dans la plupart des cours de
l'Europe. Et nous le rapporterons ici
comme une pièce singulière, qui convenait mieux à un chevalier errant
qu'à un grand d'Espagne, et à un
seigneur revêtu de si grandes dignités.

Dom Gaspard Alonço Perez de
Guzman, duc de Medina Sidonia,
marquis, comte et seigneur de
Saint-Lucar de Baraméda, capitaine général de la mer Océane,
côtes d'Andalousie, et des armées
de Portugal, gentilhomme de la
chambre de sa majesté catholique.

Dieu le garde.

*Je dis que comme c'est une chose
notoire à tout le monde que la tra-*

hison de Juan de Bragance, jadis
duc, que l'on sache aussi la détestable intention avec laquelle il a
voulu tacher d'infidélité la très-fidèle
maison des Gusmans, laquelle par
tant de siècles est demeurée et de-
meurera à l'avenir en l'obéissance
de son roi et maître, et vérifiée telle
par tant de sang de tous les siens
répandu pour ce sujet. Ce tyran a
introduit dans l'esprit des princes
étrangers, et dans celui des Portugais errans qui suivent son parti,
pour mettre en crédit sa méchanceté,
les animer en sa faveur, et me mettre
mal, bien qu'en vain, dans l'esprit
de mon maître [Dieu le garde] que
je sois de son opinion ; fondant et
établissant sa conservation sur le
bruit qu'il en faisait courir, et du-
quel il infectait un chacun, se pro-
mettant que s'il pouvait gagner ce

point, que de faire douter au roi d'Espagne de ma fidélité à son service, il ne trouverait pas de ma part une si grande opposition qu'il la rencontre en tous ses desseins ; et pour y parvenir, il s'est servi d'un frère religieux, qui avait été envoyé par le corps de la ville d'Aïamonté à Castro-Marino en Portugal, pour délivrer un prisonnier, lequel frère ayant été amené prisonnier à Lisbonne, fut pratiqué pour dire que j'étais de son parti, publia même à cette fin quelques lettres qui le confirmaient, et que je donnerais libre entrée et faveur à toutes les armées étrangères qui viendraient aux côtes de l'Andalousie.

Tout cela, afin de faciliter l'envoi du secours qu'il demandait auxdits princes étrangers. Plût à Dieu que cela fût ! je ferais le monde témoin de mon zèle et de la perte de leurs vaisseaux, comme ils auraient expérimenté par les ordres que j'avais laissés, s'ils eussent entrepris quelque chose de semblable.

Voilà bien quelques-uns de mes motifs ; mais le principal sujet de mon déplaisir est que sa femme soit de mon sang, lequel étant corrompu par cette rébellion, je désire le répandre, et me sens obligé de montrer à mon roi et maître par cette action, le ressentiment que j'ai de la satisfaction qu'il témoigne avoir de ma fidélité, et la donner pareillement au public, pour le relever du doute qu'il a pu concevoir des fausses impressions qu'on lui a données.

C'est pourquoi je défie ledit Juan de Bragance, jadis duc, comme ayant faussé la foi à son Dieu et à son roi, et l'appelle à un combat singulier, corps à corps, avec parrain ou sans parrain, ce que je remets à son choix, comme aussi le genre d'armes. La place sera près de Valence d'Alcantara, à l'endroit qui sert de limites aux deux royaumes de Portugal et de Castille, où je l'attendrai quatre-vingts jours, à commencer dès le 1.er d'octobre, et à finir le 19 de décembre de la présente année ; les vingt derniers jours je serai en personne dans ladite place de Valence ; et le jour qu'il me signifiera, je l'attendrai sur ces limites. Lequel temps, bien qu'il soit long, je donne audit tyran, afin qu'il le puisse savoir, et la plupart des royaumes de l'Europe, voire tout le monde ; à la charge qu'il assurera, au désir des cavaliers que je vous envoyerai, une lieue avant dans le Portugal, comme je l'assurerai aussi

à

à ceux qu'il envoyera de sa part,
une lieue dans la Castille, et me
promets de lui faire entendre lors
plus à plein l'infamie de l'action
qu'il a commise ; que s'il manque à l'obligation qu'il a de gentilhomme, de se trouver à l'appel
que je lui fais pour exterminer ce
fantôme par les voies qui seules
me resteront en ceci, voyant qu'il
n'aura pas la hardiesse de se
trouver en ce combat, et de m'y
faire paraître tel que je suis, et tels
qu'ont toujours été les miens au service de leurs rois, comme les siens
au contraire ont été traîtres, j'offre
dès à présent, sous le bon plaisir de
sa majesté catholique [Dieu le garde], à celui qui le tuera, ma ville
de Saint-Lucar de Baraméda, siége
principal des ducs de Medina Sidonia ; et étant prosterné aux pieds

de sadite majesté, ne me donner
point en cette occasion le commandement de ses armées, pour ce qu'il
a besoin d'une prudence et d'une
modération que ma colère ne me
pourrait dicter en cette occurrence ;
me permettant seulement que je la
serve en personne avec mille che-
vaux de mes sujets, afin que ne
m'appuyant lors que sur mon courage, non-seulement je serve à la
restauration du Portugal et punition de ce rebelle, mais que ma
personne et celle de mes troupes, en
cas qu'il refuse mon appel, puisse
amener, mort ou prisonnier, cet
homme aux pieds de sadite majesté;
et pour ne rien oublier de ce que
pourra mon zèle, j'offre une des
meilleures villes de mon état au premier gouverneur ou capitaine Portugais qui aura rendu quelque place

de la couronne de Portugal trouvée tant soit peu importante au service de sa majesté catholique ; demeurant toujours trop peu satisfait de ce que je pourrai faire pour sadite majesté , puisque tout ce que j'ai , je le tiens et le dois à elle et à ses glorieux ancêtres. Fait à Tolède , le 29 de septembre 1641.

Le duc de Medina, en exécution de son cartel, ne manqua pas de se rendre sur le champ de bataille ; il y parut armé de toutes pièces , et escorté par dom Juan de Garray , mestre de camp général des troupes Espagnoles. On fit les chamades et les appels ordinaires , sans qu'il parût personne de la part du roi de Portugal. Ce prince était trop sage pour faire un personnage dans cette comédie ; et quand même l'affaire aurait été plus sérieuse, il ne convenait pas à un souverain de se commettre avec un sujet de son ennemi.

Pendant que le ministre d'Espagne amusait le public par ce vain spectacle, il songeait en même temps à faire retomber sur le marquis d'Aïamonté, l'indignation du prince et toute la rigueur des lois. Ce seigneur avait été arrêté; il était question d'en tirer un aveu de son crime. Il le flatta de l'espérance de sa grâce, et il lui fit dire qu'il ne tiendrait qu'à lui d'éprouver, comme le duc de Medina, la clémence du meilleur roi du monde; mais que les souverains, semblables à Dieu dont ils sont sur la terre la plus vive image, n'accordaient le pardon des fautes qu'au repentir sincère, et à une confession ingénue de ceux qui avaient manqué à leur devoir.

Le marquis, séduit par ces promesses, et sur-tout par l'exemple
du duc son complice, signa tout
ce qu'on voulut. On se servit de sa
propre confession pour lui faire son
procès; il fut condamné à perdre
la tête. Ses juges lui prononcèrent
sa sentence le soir; il l'écouta avec
une tranquillité surprenante, et sans
se plaindre ni du duc ni du ministre.
Il soupa ensuite comme à l'ordinaire, De bel-
il passa toute la nuit dans un profond lo Lusi-
tan. l. 2.
sommeil. Il fallut que les juges le p. 180.
fissent éveiller pour aller au supplice;
il y marcha sans dire un seul mot,
et il mourut avec une fermeté digne
d'une meilleure occasion. Telle fut
la fin d'une conspiration, dont le
roi d'Espagne n'échappa que par un
heureux hasard, ou, pour mieux
dire, par un ordre de la Providence,
qui ne permet pas que tous les crimes
soient heureux.   K 3

Le roi de Portugal, voyant ce projet manqué, ne songea plus qu'à se maintenir sur le trône à force ouverte et par le secours de ses alliés. La France l'assista puissamment ; cette couronne se faisait un mérite de protéger la plus ancienne branche de la dernière race de ses rois ; et d'ailleurs cette guerre étrangère causait une diversion utile, et occupait une partie des forces de l'Espagne.

Les Portugais remportèrent différens avantages sus les Espagnols, qu'ils éloignèrent toujours de leurs frontières. Le roi de Portugal eût pu même pénétrer dans la Castille, s'il eût eu de plus habiles généraux, et un corps de troupes réglées ; mais la plus grande partie de son armée n'était composée que de milices, plus propres à faire des courses qu'à tenir la campagne ; ce prince manquait même souvent de fonds pour les payer. Il avait aboli la plupart des impôts à son avénement à la couronne, pour se rendre plus agréable au peuple, et il eût été dangereux de les rétablir au commencement d'une nouvelle domination. Il ne laissa pas de soutenir la guerre contre les Espagnols pendant près de dix-sept ans. L'Espagne n'avait pas alors de plus habiles généraux que le Portugal. L'une et l'autre nation se conserva plutôt par la faiblesse du parti contraire, que par ses propres forces; et l'épuisement d'argent où se trouva Philippe IV à la fin de son règne, tint lieu de richesses au nouveau roi de Portugal. Ce prince mourut le 6 de novembre de l'année 1656.

Les Portugais, au défaut de vertus plus éclatantes, forment son éloge

de sa piété et de sa modération.
Les historiens indifférens lui repro-
chent son peu de courage, et une
extrême défiance de lui-même et
des autres; qu'il était de difficile
accès pour les grands, familier et
ouvert seulement avec ses anciens
domestiques, et sur-tout avec le
compagnon de son confesseur. Ce
qui parait résulter de sa conduite,
c'est que ce prince, peu guerrier,
et tout occupé de ses exercices de
dévotion , eut plutôt les bonnes
qualités d'un simple particulier, que
les vertus d'un grand roi, et il ne
dut sa couronne qu'à l'animosité extrême des Portugais contre les Espagnols, et à l'habileté qu'eut la reine
sa femme de faire servir cette haine
à l'élévation de sa maison. Le roi
son mari la nomma par son testament
pour régente, persuadé que celle

qui par son courage l'avait porté lui-même sur le trône, saurait bien s'y maintenir pendant la minorité de ses enfans. Il en avait trois, deux garçons et une fille; l'aîné, appelé dom Alphonse, avait près de treize ans quand il lui succéda, jeune prince d'une humeur sombre, et qui était perclus de la moitié du corps. L'infant dom Pédro, son frère, n'avait que huit ans, et l'infante dona Catharina, plus âgée que tous les deux, était née avant la révolution. Dom Alphonse fut montré au peuple, et déclaré roi dans les formes ordinaires, et la reine prit le même jour la régence de l'état.

Cette princesse eut bien souhaité d'en signaler les commencemens par quelque action d'éclat, mais ses généraux étaient plus soldats que capitaines; il n'y en avait aucun dans le

Portugal qui fût capable de fortifier une place, ou de conduire un siége. Le conseil n'était pas rempli de plus habiles ministres ; les uns s'appliquaient bien plus à faire de grands discours sur les besoins de l'état, qu'à y remédier ; d'autres, sans faire attention au peu de forces qu'il y avait dans le royaume, ne formaient que de vastes projets, et il ne sortait souvent de ces suprêmes conseils que des desseins mal concertés, et suivis de mauvais succès.

1657. De là vinrent les pertes considérables que les Portugais firent devant Olivença et Badajos, dont ils furent obligés de lever le siége ; ils s'étaient d'ailleurs brouillés avec les Hollandais au sujet du commerce des Indes, et la France, par la paix des Pyrénées, sembla depuis s'être détachée de leurs intérêts. La reine se voyait

sans alliance étrangère, sans troupes
disciplinées et sans habiles généraux ;
mais on peut dire qu'elle trouva
toutes ces choses dans la grandeur de
son courage. Le poids des affaires ne
l'épouvanta point ; la justesse et l'é-
tendue de son esprit fournissaient à
tout. Il fallait, pour ainsi dire, une régence aussi agitée, pour faire éclater
les grandes qualités de cette princesse. Elle rappela toute l'autorité
des conseils dans sa personne ; elle
lisait elle-même les dépêches ; rien
n'échappait à ses soins et à sa prévoyance, et elle porta ses vues dans
toutes les cours de l'Europe d'où elle
pouvait tirer du secours.

Ce fut par de si nobles soins qu'elle
mit d'abord le Portugal en état de
résister à toutes les forces de l'Espagne ; mais comme elle sentit bien
dans la suite qu'elle avait besoin de

troupes étrangères pour former les siennes, et sur-tout d'un habile général, elle jeta les yeux sur Frédéric, comte de Schomberg, capitaine déjà célèbre par sa valeur et par sa capacité. Cette princesse eût bien voulu lui confier le commandement général de ses armées ; mais elle était obligée de ménager la fierté *des gouverneurs des armes*, qui n'auraient pas consenti aisément à recevoir les ordres d'un chef étranger. Ainsi le comte de Soure, son ambassadeur en France, convint par son ordre avec le comte de Schomberg qu'il ne passerait d'abord en Portugal qu'en qualité de mestre de camp général de l'armée, mais qu'il la commanderait seul, si le *gouverneur des armes* venait à mourir ou à quitter son emploi.

Le comte partit pour Lisbonne avec quatre-vingts officiers, tant capitaines

que subalternes, et plus de quatre
cents cavaliers, tous vieux soldats
capables d'en former de nouveaux,
et de les commander. Le comte passa 1661.
par l'Angleterre; il y vit le roi
Charles II, nouvellement rétabli dans
ses états. Il avait des ordres secrets de
la régente de pressentir si ce prince
protestant n'aurait point d'éloignement d'épouser l'infante de Portugal.
Le comte s'acquitta avec adresse et
avec succès de sa commission; il fit
désirer cette alliance au roi et à Hyde,
chancelier d'Angleterre. La reine,
assurée de cette favorable disposition, envoya dans ce royaume le
marquis de Sande pour continuer la
négociation. Le roi d'Espagne, qui
en vit les conséquences, n'oublia
rien pour la traverser. Il fit offrir à
Charles jusqu'à trois millions, s'il
voulait épouser une princesse pro-

testante, et son ambassadeur lui proposa les princesses de Danemarck,
de Saxe et d'Orange, et il lui dit que
le roi son maître marierait comme sa
fille la princesse sur laquelle son
choix tomberait ; mais le chancelier
d'Angleterre représenta si vivement
au roi quel intérêt il avait à maintenir la maison de Bragance sur le
trône, et à ne pas souffrir que toutes
les Espagnes fussent sous la domination du même prince, qu'il détermina Charles II à épouser l'infante,
et on vit un ministre protestant faire
épouser à son roi une princesse catholique, pendant qu'un prince de
cette communion, et qui affectait par
préférence le titre de roi catholique,
offrait des trésors pour l'engager à ne
se marier qu'avec une princesse pro-
testante ; tant il est vrai que la raison
d'état est la première religion des

souverains, qui ne consultent que leurs intérêts.

Le roi d'Angleterre, en faveur de cette alliance, ménagea un traité pour le commerce entre les États généraux et le Portugal. Il fit passer depuis dans ce royaume un corps considérable de troupes, sous les ordres du comte d'Inchequin; mais l'ayant rappelé, il ordonna aux Anglais d'obéir au comte de Schomberg; en sorte que ce seigneur, peu après son arrivée en Portugal, se vit commander les troupes de trois rois. Ce n'est pas que les Portugais n'eussent leur général; mais ce n'était qu'un vain titre dont on flattait l'ambition de quelque grand. Le comte avait la confiance de la reine, et toute l'autorité. Il s'en servit pour établir une exacte discipline dans l'armée; il apprit aux Portugais l'ordre qu'ils devaient tenir dans leurs marches, et l'art de se camper avec avantage, et il fit faire dans la suite des fortifications régulières à la plupart des places frontières de ce royaume, qui avant son arrivée étaient hors de défense.

La régente ayant trouvé un général si habile, poussa la guerre avec vigueur ; ses armes eurent presque partout d'heureux succès. Jamais les troupes n'avaient été en si bon état, ni si bien disciplinées. Le peuple bénissait son gouvernement, et la crainte et le respect tenaient les grands dans une parfaite soumission. Un état si heureux fut altéré par des chagrins domestiques, et par des intrigues qui changèrent toute la face de la cour.

Pendant que la régente travaillait avec tant de succès à affermir la couronne sur la tête de son fils, ce prince

s'en rendait indigne par l'irrégularité
de sa conduite. Il avait l'esprit bas,
l'humeur sombre et farouche ; l'autorité de la reine sa mère lui était
insupportable. Il rejetait avec mépris
les avis de ses ministres ; il ne pouvait souffrir la compagnie des seigneurs qu'on avait mis auprès de
lui. Tout son plaisir était de s'entretenir avec des nègres et des mu-
lâtres, ou avec des jeunes gens de
la lie du peuple ; il s'en était formé
une petite cour, malgré tous les
soins de son gouverneur. Il les
appelait ses braves ; c'était son escorte ordinaire, et il courait la nuit
avec eux les rues de Lisbonne, et in-
sultait tous ceux qui avaient le malheur
de se trouver dans son chemin.

Le déréglement de son esprit avait
sa source dans une paralysie dont
il avait été attaqué à l'âge de quatre

ans, et qui lui avait laissé de fâ-
cheuses impressions. On avait dissi-
mulé d'abord ses défauts, pour ne
pas ajouter une éducation trop sévère à une enfance infirme, et dans
l'espérance que le temps, en forti-
fiant le corps, adoucirait son esprit;
mais cette complaisance ne fit qu'augmenter son indocilité. Sa santé de-
vint, à la vérité, meilleure par le
secours du temps et des remèdes.
Les exercices les plus violens ne l'in-
commodaient point; il faisait des
armes, et était fort bon homme de
cheval; mais son humeur fut toujours également féroce. Il avait plus
d'emportement que de raison; et
l'âge ayant amené le temps des pas-
sions, il faisait venir jusque dans le
palais des femmes perdues, et souvent il allait les chercher lui-même
dans des lieux de débauche, et il

passait la plupart des nuits dans des plaisirs honteux.

La régente, pénétrée de douleur, jugea bien que de si grands déréglemens feraient dans la suite tomber ce prince du trône, et même qu'il ruinerait par sa seule incapacité l'ouvrage de tant d'années, et le fruit de ses soins ; elle songea plus d'une fois à le faire enfermer, et à mettre l'infant à sa place. La crainte d'exciter une guerre civile, dont les Espagnols n'auraient pas manqué de profiter, fut la seule raison qui l'empêcha de tenter une action si hardie ; elle se flatta même de pouvoir ramener l'esprit du roi, en lui ôtant un certain Conti, fils d'un marchand, dont il avait fait son favori, et le ministre secret de ses plaisirs. Il fut arrêté par son ordre ; on l'embarqua aussitôt, et il fut conduit au Brésil, avec défense, sons peine de la vie, de revenir en Portugal. Le roi parut d'abord consterné de l'éloignement de son favori ; il affecta ensuite un air plus tranquille ; il parut même plus docile. La régente se savait bon gré du parti qu'elle avait pris, et ses ministres et les courtisans la félicitaient d'une entreprise qui avait si heureusement réussi.

Mais la tranquillité apparente du roi cachait de profonds desseins, dont la régente ne le croyait pas capable, et cette princesse, si habille à pénétrer dans le cœur des courtisans les plus cachés, fut la dupe de la dissimulation d'un imbécille.

Le roi avait confié sa douleur au comte de Castel-Melhor, seigneur Portugais, d'une naissance illustre, habile courtisan et plein d'ambition, mais plus capable de conduire une

intrigue de cour que les affaires d'état.
Le comte se servit de cette ouverture pour prendre la place du favori,
sous prétexte de plaindre sa disgrâce,
et de vouloir contribuer à son retour.
Il dit à ce prince qu'il ne devait se
prendre qu'à lui-même du malheur de
Conti, qu'il était roi, qu'il y avait
même long-temps qu'il était majeur;
qu'il n'avait qu'à témoigner qu'il voulait régner, pour voir tomber le pouvoir de la régente, et qu'il ferait
revenir ensuite Conti son favori,
triomphant de la reine même et de
tous ses ennemis.

Le roi, flatté par des conseils si
conformes à sa disposition, lui abandonna toute sa confiance; leur liaison
était cependant cachée; sa faveur
était encore un secret. Le comte avait
exigé du roi cette précaution, pour
ne pas se rendre suspect à la reine.

Cette princesse ne laissa pas de s'apercevoir de son nouveau crédit ; et l'ayant rencontré à la suite du roi, elle l'arrêta par le bras, et le regardant avec cet air de majesté qui faisait trembler tout le monde : *Comte,* lui dit-elle, *je suis bien instruite que le roi prend créance en vous ; s'il fait quelque chose contre ma volonté, vous m'en répondrez sur votre tête.*

Le comte ne repartit au discours menaçant de la reine que par une profonde révérence, et suivit le roi qui l'appelait. Il ne se vit pas plutôt seul avec ce prince, qu'il lui rendit compte de ce que la reine lui avait dit. Il ajouta qu'il était à la veille d'éprouver le même sort que Conti, mais qu'il s'en consolerait s'il voyait son maître affranchi d'une régente si impérieuse, et qui ne lui laisserait jamais que le vain titre de roi , sans puissance et sans autorité.

Ce discours artificieux jeta le roi dans des emportemens extraordinaires. Il voulait aller sur-le-champ demander lui-même à la régente les sceaux de l'état , qui sont la marque de l'autorité souveraine ; mais le comte qui connaissait sa faiblesse , et l'empire que la reine avait pris sur son esprit , lui conseilla de se retirer à Alcantara sans la voir , et de là d'envoyer des courriers aux magistrats de Lisbonne et aux gouverneurs des provinces , pour faire savoir qu'il avait pris en main le gouvernement de ses états. Ce prince, par son conseil , se travestit le soir, et suivi du comte seul et de ses amis, il arriva la nuit à Alcantara. Il écrivit le lendemain aux secrétaires d'état de se rendre auprès de lui ; il manda la garde allemande, et il fit savoir dans tout le royaume que la régence de la reine sa mère était expirée par sa majorité.

La plupart des seigneurs de la cour se rendirent aussitôt à Alcantara. La cour de la reine fut déserte, et elle s'aperçut bientôt qu'une autorité empruntée ne subsiste qu'autant qu'elle est soutenue par la puissance légitime.

Cependant cette princesse ne s'abandonna pas à elle-même, et la manière noble et généreuse dont elle se dépouilla de la souveraine puissance, fit voir qu'elle méritait de régner plus long-temps, et qu'elle n'avait même prolongé sa régence que pour le bien de l'état. Elle écrivit un billet au roi son fils, pour lui mander qu'il ne devait pas s'emparer de son propre trône d'une manière furtive, et

comme

comme un usurpateur; qu'il se rendît au palais le lendemain, et que dans une assemblée des grands et des principaux magistrats de la ville, elle lui remettrait entre les mains les sceaux et le gouvernement de ses états. Le roi revint à Lisbonne; et la reine, en exécution de sa parole, convoqua les grands du royaume, les titulaires et les chefs d'ordre, et en leur présence, prenant les sceaux renfermés dans une bourse : *Voilà*, dit-elle, en les présentant au roi, *les sceaux qui m'ont été confiés avec la régence de vos états, en vertu du testament du feu roi monseigneur : je les remets entre les mains de votre majesté avec l'autorité qui les accompagne, et je prie Dieu que tout réussisse sous votre conduite comme je le désire.* Le roi les prit et les donna au secrétaire d'état. L'infant

L

et tous les grands furent baiser les mains de ce prince, qu'ils reconnurent de nouveau pour leur souverain.

La reine avait déclaré que dans six mois elle se retirerait dans un couvent, et avait pris ce terme pour voir quel train prendrait le gouvernement. Le favori, qui redoutait la grandeur de son génie, et le pouvoir si naturel d'une mère sur l'esprit de son fils, engagea le roi à lui faire plusieurs incivilités, pour l'obliger à précipiter sa retraite. La reine, naturellement fière et hautaine, ne put souffrir ce manque de respect, elle se jeta dans un couvent. Désabusée alors des vaines grandeurs de la terre, elle ne parut plus occupée que de celles que les hommes ne peuvent ôter. A peine vécut-elle un an dans sa retraite; elle mourut le 18 de février de l'année 1660. Princesse d'un

génie supérieur, et qui eut les vertus
de l'un et de l'autre sexe, elle fit
éclater sur le trône toutes les grandes
qualités d'une souveraine, et il sembla qu'elle eût oublié dans sa retraite
qu'elle eût jamais régné.

Le roi n'étant plus retenu par l'autorité de cette sage princesse, s'abandonna ouvertement à son humeur
féroce. Il attaquait de nuit, avec ses
braves, tout ce qu'il rencontrait dans
les rues, et il chargeait même souvent le guet et ceux qui veillent à la
sûreté publique. Il ne sortait jamais
la nuit, qu'on ne publiât le lendemain différentes histoires tragiques.
On redoutait sa rencontre comme
celle d'une bête féroce qui serait
échappée de ses liens. Le comte de
Castel-Melhor dissimulait des désos-
dres qui faisaient le fondement de
son autorité ; aussi bon courtisan que

peu habile ministre, fier dans les bons succès, abattu et sans ressource dans la mauvaise fortune. Le Portugal ne se soutenait que par la faiblesse de l'Espagne.

Le roi dom Alphonse, dont le pouvoir ne s'étendait pas plus loin que l'étendue de son palais, abandonnait à son favori le gouvernement de tout le royaume, et ne retenait de la souveraine puissance que la liberté de faire impunément toutes les extravagances qu'il imaginait.

Les Espagnols se flattèrent de réduire aisément le Portugal, gouverné par un prince furieux et imbécille. Ils mirent une armée considérable sur pied, et à la tête dom Juan d'Autriche, fils naturel de Philippe IV. Le roi de Portugal lui opposa le comte de Schomberg, quoique le comte de Villa-Flor eût le titre de

général. Le roi de Portugal fut uniquement redevable de la conservation de sa couronne au comte de
Schomberg. Ce grand capitaine rem-
porta différentes victoires sur les
Castillans, et on peut dire qu'il eut
encore moins de peine à les vaincre,
que l'opiniâtreté du général Portugais, qui, jaloux de sa gloire, tra-
versait tous les desseins qui pouvaient l'augmenter. Mais le général
Français avait la confiance de la cour,
et sur-tout celle des troupes, qui
suivaient avec plaisir un commandant que la victoire n'abandonnait
jamais.

Le ministre s'attribuait toute la
gloire de ces heureux succès, quoiqu'il n'y eût guère d'autre part que
d'être le premier à qui on en adressait
les nouvelles. Son crédit augmentait
tous les jours ; et il jouissait de l'au-

torité souveraine sous le nom du roi. Il gouvernait ce prince comme une machine, dont il faisait agir les ressorts à son gré et suivant ses intérêts. Il se servait de son humeur violente pour perdre, sur de faux rapports, ceux qui lui étaient suspects. C'est ainsi qu'il se défit de la plupart des ministres de la régente, et il les fit remplacer par des gens qui lui étaient entièrement dévoués. Le conseil et toute la cour changèrent de face, et on ne s'y maintenait qu'autant qu'on était utile ou agréable au ministre. Il eut même l'adresse de faire exiler de nouveau Conti, ce premier favori de son maître, et que ce prince avait fait revenir depuis peu du Brésil. Conti lui était redoutable, par l'inclination que le roi conservait pour lui. Il n'eut pas plutôt appris qu'il était débarqué, qu'il lui fit faire défense d'approcher de la cour, et il lui en envoya l'ordre par le même courrier que le roi avait dépêché pour lui marquer la joie de son retour. Ce malheureux prince, esclave de son ministre, n'osait le voir qu'en secret; et le comte, pour rompre entièrement un commerce qui aurait pu ruiner sa fortune, fit accuser Conti d'être complice d'une conspiration contre le prince, dont il n'y avait ni preuve ni témoins, et qui manquait même de vraisemblance, mais qui lui servit de prétexte pour perdre son rival.

Le ministre, défait de Conti, tourna ses vues du côté de l'infant dom Pedro, frère du roi. Ce jeune prince devenait grand; ses inclinations paraissaient nobles; et il attirait l'estime et les vœux de tous les Portugais, par la régularité de sa conduite, et par la comparaison qu'on en faisait avec celle du roi.

Le comte mit son frère dans la maison de l'infant, dans la vue qu'il pourrait s'emparer de bonne heure de sa confiance, et que par son moyen il gouvernerait les deux frères en même temps. Le jeune prince reçut bien le frère du favori, il le traitait même avec distinction, mais il ne lui donna aucune part dans sa faveur; la place était prise. La régente, qui avait toujours regardé l'infant comme l'unique soutien de la maison royale, avait mis de bonne heure auprès de lui les meilleures têtes du royaume. De sages gouverneurs et des amis fidèles firent envisager à ce jeune prince qu'il n'était pas impossible qu'il montât sur le trône, si le roi continuait dans ses déréglemens; et on lui laissa entre-

voir qu'il n'était pas bien sûr que son
frère pût jamais avoir des enfans ;
mais on lui fit appréhender en même
temps le crédit et les artifices du
comte, si intéressé, par sa propre
grandeur, à faire durer le règne
d'Alphonse. Ces vœux différens formèrent insensiblement deux cabales
à la cour ; celle du comte était la plus
nombreuse, et il avait pour lui tous
ceux qui s'attachent indifféremment
à la source des grâces ; mais les anciens ministres, qui prévoyaient
qu'un gouvernement aussi violent
que celui du roi ne pourrait pas durer
long-temps, et les plus grands seigneurs du royaume, qui ne pouvaient
se résoudre à plier sous l'autorité du
favori, faisaient leur cour à l'infant,
comme à l'héritier présomptif de la
couronne.

Le comte qui s'aperçut que le

parti qui lui était opposé, ne se soutenait que par les bruits que ses ennemis répandaient de l'infirmité du roi, résolut de les faire tomber par le mariage de ce prince. Ce fut par son conseil qu'il fit demander à la France pour femme Marie-Elisabeth-Françoise de Savoie, fille de Charles-Amédée, duc de Nemours, et d'Elisabeth de Vendôme. Cette princesse lui fut accordée. César d'Estrées, son oncle à la mode de Bretagne, évêque et duc de Laon, et si connu dans toute l'Europe sous le nom illustre du cardinal d'Estrées, la conduisit en Portugal. Ce prélat était accompagné du marquis de Ruvigni, ambassadeur extraordinaire de France, et d'un grand nombre de gentilshommes et de personnes de qualité, amis et serviteurs de la maison de Savoie, ou attachés par

différens engagemens à celles de Vendôme et d'Estrées.

La cérémonie de ce mariage se fit
avec la magnificence ordinaire en
pareilles fêtes. Toute la cour admira
la rare beauté de la jeune reine ;
l'infant en parut vivement touché ;
le roi seul était insensible à ses charmes, et on ne fut pas long-temps
sans soupçonner que la qualité de
reine et de femme du roi n'était
qu'un vain titre, dont on tâchait de
couvrir la faiblesse de ce prince.

Le ministre s'était flatté de gou-
verner cette jeune princesse avec le
même empire qu'il faisait le roi son
maître. Il eut d'abord pour elle de
grands égards ; mais il ne fut pas
long-temps sans s'apercevoir que
cette princesse avait le courage trop
haut, pour vouloir dépendre d'un
de ses sujets. Le ministre, pour s'en

venger, ne perdait aucune occasion de lui faire sentir son pouvoir. On lui cachait avec soin les affaires d'é-tat ; celles des particuliers, aux-quelles il paraissait qu'elle prît part, ne manquaient jamais d'échouer. C'était un titre d'exclusion pour le ministre que la recommandation de la reine. On commença ensuite à ne payer ni ses pensions ni celles de sa maison, sous prétexte que les charges de l'état et les besoins de la guerre consommaient tous les fonds du tré-sor royal ; et le roi, que son favori tenait par les cordons, et qu'il lâchait contre ceux qui lui étaient désagréa-bles, fit des brusqueries si violentes à l'infant et à la reine, qu'on la vit plusieurs fois sortir de l'appartement du roi baignée de ses larmes.

Sa beauté, ses malheurs, les plain-tes que répandaient les dames du palais, et ses officiers qu'on ne payait plus, lui attirèrent la compassion de tous ceux qui n'étaient pas esclaves de la faveur ; ce fut un troisième parti qui se forma à la cour.

On ne parlait que de la stérilité de la reine, quoiqu'il n'y eût pas encore un an qu'elle fût mariée.

On prit soin d'augmenter les soup-çons du public, au sujet d'une porte que le roi avait fait ouvrir à la ruelle du lit de la reine, et dont lui seul cependant se réserva la clef. La reine parut alarmée d'une nouveauté qui exposait, disait-elle, sa vertu et sa gloire. Ses partisans publiaient que le ministre voulait que le roi eût des enfans à quelque prix que ce fût, et qu'il se flattait, à la faveur de cette porte mystérieuse, de couvrir la honte du prince aux dépens de l'honneur de la reine.

Cette princesse découvrit à son confesseur les scrupules de sa conscience, et en fit confidence, par son ordre, au confesseur de l'infant. Ces deux religieux leur proposèrent d'agir de concert dans une conjoncture si délicate, et où ils avaient l'un et l'autre de si grands intérêts, quoiqu'en apparence opposés. Leurs créatures convinrent qu'il n'était pas impossible de les concilier. On fit revivre les premiers desseins de la régente. Ces deux cabales se réunirent, et ne formèrent plus dans la suite qu'un même parti ; la reine eut même l'habileté d'y faire entrer le comte de Schomberg qui était à la tête de l'armée ; et l'infant, qui ne mettait point de bornes à ses désirs ni à ses espérances, s'assura en même temps des premiers magistrats de la ville, et de tous ceux qui avaient du crédit parmi le peuple.

Le roi par lui-même n'était qu'un vain fantôme de la royauté , et aisé à détruire ; mais il était soutenu par un ministre adroit , ambitieux , et qui savait faire valoir ce nom si respectable de souverain. Il était question avant toutes choses d'arracher du palais un homme si habile , et qui ne se dessaisirait que le plus tard qu'il pourrait du gouvernement de l'état. On gagna secrètement un de ses amis, qui lui donna avis que l'infant lui attribuait tous les mauvais traitemens qu'il recevait du roi ; que ce prince avait juré sa perte , et qu'il n'était pas en sûreté s'il s'opiniâtrait à rester à la cour.

Le ministre, naturellement timide, publia l'avis qu'on lui avait donné , s'en fit un prétexte pour redoubler la garde , et pour faire prendre les armes à tous les officiers du palais , et il voulait que le roi allât lui-même à leur tête arrêter l'infant chez lui. Mais le roi, furieux de nuit, et contre ceux qui ne se défendaient point, rejeta un dessein où il prévoyait de la résistance, et il se contenta d'écrire à l'infant de se rendre auprès de lui. Ce prince s'en défendit, sous prétexte des bruits injurieux à sa gloire, qu'il disait que le comte avait publiés contre lui, et il représenta au roi que le ministre était maître du palais, et qu'il ne pouvait pas y entrer qu'il n'en fût sorti. Le roi et l'infant s'écrivirent plusieurs lettres au même sujet, et qui furent rendues publiques. Le roi offrit enfin d'envoyer le comte se jeter à ses pieds, et lui demander pardon ; mais l'infant, qui avait de plus grandes vues que de se venger d'un discours dont il était lui-même l'auteur

secret, persista à vouloir qu'il sortît
du palais. La cour et la ville étaient
dans une agitation continuelle ; tout
se disposait à une guerre civile. Le
comte s'aperçut avec douleur que le
comte de Schomberg n'était pas dans
ses intérêts. La plupart des grands
se déclarèrent hautement pour le
prince dom Pedro, et ses amis et ses
propres parens lui firent comprendre
qu'ils ne voulaient point se perdre
avec lui, et qu'ils n'étaient point en
état de résister au parti de l'infant,
soutenu de celui de la reine. Le comte
se voyant abandonné de ses propres
créatures, s'abandonna lui-même ;
il sortit du palais de nuit et déguisé.
Il se retira d'abord dans un monas-
tère à sept lieues de Lisbonne, d'où
il passa en Italie, et il chercha un
asile à la cour de Turin.

L'infant vint ensuite au palais,

sous prétexte de rendre ses devoirs au roi. Tout ploya sous son autorité, et il écarta ce qui restait de créatures du ministre. Le roi, destitué de conseil, était, pour ainsi dire, à sa discrétion. Ce prince n'osait cependant toucher à la couronne, à moins de s'exposer à passer pour un usurpateur. Il fallait que la souveraine puissance lui fût déférée par une autorité légitime, et il n'y en avait point qui pût au moins servir de prétexte à une action si hardie, que l'assemblée générale des états du royaume.

Le roi seul pouvait la convoquer; on lui en fit la proposition, sous le prétexte ordinaire des besoins de l'état, et on lui représenta qu'on n'y pouvait remédier que par le concours de ses plus fidèles sujets. Ce prince n'était point si stupide, qu'il ne se doutât bien qu'une pareille assemblée était une conspiration contre son autorité. Prévenu de cette opinion , il éluda long-temps de répondre à plusieurs requêtes que l'infant lui fit présenter par différens corps de l'état. Enfin , le conseil en dressa une délibération , qu'on fit signer à ce malheureux prince , qui par cette démarche signa lui-même sa perte et son abdication. L'assemblée , par cet acte , était convoquée pour le 1.er de janvier de l'année 1668.

L'infant étant venu à bout de cette entreprise , qu'il regardait comme le fondement de son élévation , la reine, de concert avec lui , parut à son tour sur la scène ; elle se retira d'abord dans un couvent. Elle n'y fut pas plutôt , qu'elle écrivit au roi , que pressée par sa conscience , elle avait cru être obligée de quitter le palais ; que personne ne savait mieux que

Mémoires de Fremont d'Ablancourt, p. 340.

lui qu'elle n'était point sa femme ; qu'elle lui demandait pour toutes grâces sa dot, et la permission de retourner dans sa patrie, et de chercher un asile dans le sein de sa famille.

Le roi n'eut pas plutôt reçu cette lettre, qu'il courut au couvent comme un furieux pour en arracher la reine. Mais l'infant, déjà plus maître que lui dans sa capitale, et qui avait bien prévu cette saillie, se trouva à la porte du couvent avec tous les seigneurs de son parti. Il empêcha le roi de s'en faire ouvrir les portes, et il ramena ce prince au palais, qui prenait tout haut ses maîtresses à témoin de sa santé, et qui menaçait également l'infant et la reine.

L'infant, peu inquiet de ses menaces, destituées de conseil et de force, résolut de donner le dernier coup à son autorité ; il se rendit le lendemain au palais. Il était accom-

23 novembre 1667.

pagné de toute la noblesse, des magistrats et de la maison de ville, et
une foule innombrable de peuple le
suivait, pour voir le dénouement de
cette grande affaire. Il entra dans le
palais, où tous les conseillers d'état
l'attendaient, et après avoir eu avec
eux une courte conférence, il envoya
arrêter le roi dans son appartement.

On lui fit ensuite signer son abdication. L'infant n'osa cependant
prendre le titre de roi ; il se contenta
de celui de régent, qui lui fut confirmé par les états généraux du
royaume, qui lui prêtèrent en cette
qualité le serment de fidélité. Les
premières vues de ce prince furent
de se procurer la paix avec l'Espagne.
Le roi d'Angleterre s'en rendit mé-
diateur, et le roi d'Espagne, par un
traité solennel, reconnut la couronne
de Portugal indépendante de celle de
Castille.

13
février
1668.

Il manquait au bonheur du régent de se voir le mari de sa belle-sœur. Cette princesse, en entrant dans le couvent, avait présenté une requête au chapitre de l'église cathédrale de Lisbonne pendant la vacance du siége, pour demander la dissolution d'un mariage qui n'avait pu être consommé pendant près de quinze mois d'habitation. Le chapitre le déclara nul, *sans autre contestation que celle du promoteur par négation, et au défaut de partie*, ainsi que porte la sentence ; *l'empêchement étant tenu pour moralement assuré, et sans qu'il fût besoin d'autres preuves ni de plus long délai.* Et au moyen de ces formalités, que la plupart des juges savent toujours accommoder au gré de ceux qui gouvernent, le régent se vit en état de pouvoir épouser la reine. On lui conseilla cependant, *pour l'honnêteté*

publique, d'obtenir une dispense du S. Siége. Heureusement, et par un concours de hasards qui paraissaient un peu prémédités, M. Verjus arriva de France en même temps avec cette dispense, On avait obtenu ce bref du cardinal de Vendôme, légat *à latere*, et qui avait été revêtu de cette dignité passagère, pour assister au nom du pape à la cérémonie du baptême de monseigneur le dauphin. L'évêque de Targa, coadjuteur de l'archevêché de Lisbonne, donna la bénédiction nuptiale au régent et à la reine, en vertu de ce bref, qui fut confirmé par celui du pape Clément IX, qu'on crut nécessaire à la sûreté de leurs consciences, et à la tranquillité du royaume.

Le roi dom Alphonse fut confiné aux îles Tercères, qui sont de la domination du Portugal. Le peuple, qui s'intéresse toujours pour les malheureux, disait hautement qu'on devait se contenter de lui avoir ôté sa couronne et sa femme, sans le priver encore de respirer l'air de sa patrie ; mais un prince détrôné ne trouve guère de protecteurs. Il n'y eut aucun grand qui osât parler en sa faveur, et on s'aperçut bien que le régent n'aurait pas pardonné une compassion injurieuse à son gouvernement. Dom Alphonse resta dans cet exil jusqu'en 1675, que le régent l'en retira. Il le fit revenir en Portugal, sur le soupçon qu'il eut qu'il s'était formé un parti pour l'enlever des îles Tercères, et le rétablir sur le trône. Il mourut près de Lisbonne en l'année 1683, et par sa mort le régent prit enfin le titre de roi, qui lui manquait, et qui était le seul bien dont il n'avait pas dépouillé ce malheureux prince.

FIN.

TABLE

TABLE

DES MATIÈRES.

A

B

C

D

E

F

G

H

I

L

M

I

L

M

Muleï-Moluc , roi de Maroc , quoiqu'à
l'extrémité , se trouve à la bataille d'Al-
cacer , finit ses jours d'une manière fort
glorieuse , 22.

N

Norogna , un des chefs de la noblesse. Sa
réponse brusque à la vice-reine ; l'archevêque de Brague le veut tuer , 130.

O

Olivarès. Le comte-duc d'Olivarès , de
la maison de Gusman, premier ministre
de Philippe IV, roi d'Espagne : sa politique à l'égard des Portugais , 31. Il
tâche d'attirer en Espagne le duc de Bragance , et pour cet effet lui offre plusieurs charges qu'il refuse , 41. Son discours adroit et fin pour déguiser au roi
d'Espagne la révolte de Portugal , 154
et suiv. Il se sert du pouvoir qu'il avait
sur l'esprit du roi , pour obtenir la grâce
du duc de Medina son parent , 208.
Ozorio (dom Lopez) , commandant une
escadre de vaisseaux Espagnols , a un
ordre secret d'enlever du Portugal le duc
de Bragance , 44.

P

Parme. Le duc de Parme prétend à la couronne de Portugal , 25.

R

RODERIC , le dernier roi des Goths en Espagne , 3.

RUVIGNI , marquis de Ruvigni , ambassadeur extraordinaire de France en Portugal, accompagne la princesse de Nemours, mariée au roi de Portugal , 250.

S

SAA , grand chambellan , tue d'un coup de pistolet Vasconcellos, ministre d'état , 125.

SALSAIGNE , un des principaux chefs de la révolution , 101 , 132.

SANCHE , trésorier du roi d'Epagne en Portugal , arrêté dans le temps de la révolution , découvre les desseins du duc de Medina Sidonia , qui voulait se rendre souverain dans l'Andalousie , 201.

SANDE , marquis de Sande , ambassadeur de Portugal en Angleterre , y conclut le mariage de l'infante avec le roi , 229.

SAVOIE. Philibert-Emmanuel duc de Savoie, un des prétendans à la couronne de Portugal , 25.

SECRET. La révolution qui arriva en Portugal, l'année 1640 , fut un miracle du secret , 152.

SCHOMBERG. Fréderic , comte de Schomberg , passe en Portugal , 228. Remporte plusieurs victoires considérables sur les Espagnols , et affermit par sa valeur la couronne dans la maison de Bragance , 245.

Fin de la Table des Matières.

B BLIOTHEQJE NATIONALE DE FRANCE
3 7531 01621298 8